キャリアアップの強い味方
"負けない企業人"になるための本

リスクの中に自由あり

市民主役社会における リスクマネジメント

元松下電器産業（株）常務取締役
元内閣総理大臣秘書官
元内閣官房危機管理等担当室長
元群馬県警察本部長
上野治男

東京法令出版

リスクの中に自由あり

——市民主役社会におけるリスクマネジメント——

リスクの中に自由あり

（作者不詳　上野治男訳）

笑えばバカと言われるリスク
泣けばおセンチと言われるリスク
手を差し伸べれば巻き込まれるリスク
感情見せれば拒絶のリスク
夢を語ればバカにされるリスク
愛しても愛されないリスク
生には死のリスク
希望には絶望のリスク
努力には失敗のリスク。
それでもリスクは取らねばならぬ
人生最大の危険は何のリスクも取らぬこと。
リスクを取らないのは、何もしない人、何も持たない人、何の価値もない人。
リスクを避ければ、苦しみも悲しみもないだろう。しかし、それでは、何も学べず、
感動も変化も成長もない、愛の喜びもない、生きているとも言えない。
確実だけに縛られりゃ奴隷と同じ、自由を奪われたことになる。
リスクを取る者こそ自由な人間。

RISKS

(author unknown)

To laugh is to risk appearing the fool.
To weep is to risk appearing sentimental.
To reach out for another is to risk involvement.
To expose feelings is to risk rejection.
To place your dreams before the crowd is to risk ridicule.
To love is to risk not being loved in return.
To live is to risk dying.
To hope is to risk despair.
To try is to risk failure.
But risks must be taken,
because the greatest hazard in life is to risk nothing.
The person who risks nothing, does nothing, has nothing, and is nothing.
They may avoid suffering and sorrow, but they cannot learn,
feel, change, grow, love, or live.
Chained by his certitudes, he is a slave. He has forfeited his freedom.
Only a person who risks is free.

目次

第二部　リスクマネジメントの方法

第三部　対話と自己責任

序章 リスクの中に自由あり

リスクあふれる現代社会

巻頭の詩「リスクの中に自由あり」は、いつ、だれが書いたのか分かりません。原文は英語の詩です。多分、米国人が書いたものでしょう。それに私が拙い訳を付けたのがこれです。皆さん、ぜひ原文と併せて読み、その含蓄のあるところを味わってください。

この詩は、あるときインターネットでリスクに関する検索を行っていたとき偶然発見したものです。ところが、その後、インターネットでリスクマネジメント関係の検索をすると、しばしばこの詩が出てきました。読めば読むほど、そのすばらしさと味わいに感動します。まさに、ここにリスクの本質が語られているからです。そして、本書のテーマにぴったりだからです。そして、私が本書で述べようとしていることを、簡潔かつ的確に言い尽くしているからです。

現代社会はリスク社会といわれ、世の中にリスクが満ち溢れています。何をやろうとしても、リスクを避けて通ることはできません。それなら、何もしなければ安全かというと、それはもっと危険です。もっとはっきり言えば、この世で最大のリスクは何もしないことなのです。「座して死を待つ」という言葉がありますが、昔から何もしないで待っているということは、滅亡しかないという教えなのです。

この世に確実などというものは存在しません。何をしても失敗の可能性はあります。九九パーセント確実だと言われても一パーセントの失敗の確率はある。ほぼ間違いないと言われても、わずかな可能性を考え、慎重でなければなりません。

もし、九九パーセント確実だからといわれてムリをしたらどうなりますか。確率論からいえば、それを一〇〇回繰り返したら一回失敗することになります。ここに一〇〇人いるとしてみなが同じことをしたらだれかひとりは失敗することになるのです。したがって、一〇〇分の一のリスクがあったら、リスクマネジメントの世界では、その危険は冒してはならないことなのです。

成功の秘訣は正道を歩むこと

それなのに、どうせこの世はギャンブルだと割り切り、失敗など恐れず行動したらどうなりますか。そんな向こう見ずな行動をしていたら、いずれ失敗することは火を見るより明らかです。会社ならそんな人間は決して雇いません。知恵を絞るべきところでは知恵を絞り、努力すべきところでは努力を、慎重に行動すべきところでは慎重に行動しなければならない。時間と労を惜しんではならない。しかし、時間をむだにしてはならない。失敗を恐れ臆病になるだけでは、成功の可能性さえ奪われてしまうのです。

成功の可能性は、ただひとつ。失敗、拒絶を恐れず、正しい道を歩むこと。後で悔いが残るような間違ったことをしないこと。姑息な手段を選ばないことです。いわんや、失敗を恐れ、失敗の苦しみから逃れるため、薬物、アルコール、邪宗・迷信などに走らないでください。問題を過度に感情的に捉えないこと。手抜きは失敗の元です。しかし、力の入れ過ぎも失敗につながります。難しい局面でこそ、冷静さを維持することが求められます。難局に際し、ゆとりを失わないこと。冷静さ・ゆとりの喪失こそ失敗につながります。

そして、思い切って行動しなければなりません。この詩の中にもあります。感情見せれば拒絶のリスク。愛しても愛されないリスク。好きな人ができたのに、好きだなんて言ったら笑われるかもしれない。バカにされるだけで相手にもされないかもしれない。それを恐れて、手をこまねいているうちに横から他人にさらわれる。こんな失敗をしていたら、生涯悔いが残るでしょう。それなら思い切って告白するしかないでしょう。かといって向こう見ずにプロポーズしたら振られるだけですね。やはり作戦を練らねば……。でも、小手先を弄しようとするとすぐに見破られますよ。

リスクマネジメントとはリスクの取り方

このように説明すれば、お分かりいただけたと思いますが、リスクマネジメントの本質はリスクを避けることではないのです。むしろリスクを取ること、選択することなのです。問題は、そのリスクの取り方なのです。冒頭の詩の最終部分でも明言しているように、リスクを恐れ、リスクに近づかない。それは、リスクの奴隷になることなのです。自由を放棄することなのです。現代社会は豊かな社会といわれ、ものは豊富にあります。あと必要なのは精神の自由。一人ひとりが自分で考え行動する。選択肢も豊富にあります。だとすると自ら選び自ら行動する。自分で判断し決めた以上、もはや失敗を他人のせいにするわけにはいきません。

何も自分では判断できず、したがって何も決められず、他人の言いなりになる。このようにして精神の奴隷になる。これだけはどうしても避けねばなりません。かといって訳の分からない失敗を繰り返しているようだったら、人生は何回あっても足りません。だからこそ、考えるべきときは考える。そして、行動すべきときは行動する。

それをせず、冷静かつ科学的に考えねばならないときに迷信に頼る。星占いやおみくじを金科玉条のものとして妄信する。それでは失敗は避けられるわけがありません。だからこそ、いざというとき、どのような情報を集め、どのように考え行動すべきかを平素から考えておく。その科学的手法がリスクマネジメントなのです。

変化の時代　改革しないほうがリスクが大きい

二〇〇五年一一月、二〇世紀最高の経営学者といわれたP・F・ドラッカーが亡くなりました。ドラッカーは、多数の著書を世に送り、会社経営に革新をもたらしました。その多数の著

書の中でドラッカーは、繰り返し改革の必要性を強調しました。その要旨をまとめれば、

「この変化の時代、もし今までと同じことを繰り返していたら、それが最大のリスクとなる。わたしが、なぜ改革の必要性を説くのか。それは、変化した新しい状況に最もふさわしいことを行う必要があるからだ。新事業を起こし大成功した、ある事業家は、成功した理由を聞かれ、『私は、自分が大胆だから次々と改革を繰り返したわけではない。むしろ臆病だからだ。失敗したくなかったからだ。世の中がこのように変化してきている以上、新しい環境にふさわしいことをしようと努めてきただけだ』と言っている。

未来を見ることは占いや予言ではない。次にどのような時代が来るかは、世の中をよく見ていれば自然と分かる。未来の姿は常に目の前で、今起こっていることの中にある。予想外のことなど起こらない。パソコンが開発されれば次に情報化社会が到来する。女性の高学歴化と社会的進出の増大は、少子化を招く。少子化が始まれば、次に学生が減少し、高齢化社会が来る。これはだれでも分かることだ。問題は何をやるかではない。その前に何を捨てるかである。新しいことをしようとしたら、それと同量の古いものを捨てなければならない」

これがドラッカーの説くマネジメント論の要旨です。このようにして、ドラッカーは、早くからＩＴ社会の到来を予言し、その時代にふさわしい組織のあり方を説いてきました。

勉強すれば未来は見える

現代は先行き不透明な時代とよくいわれますが、そんなことはありません。確かに新しいことが多く、それを完全に理解するには難しいことが多すぎることは事実です。過去に経験のないことが、次々と起こっていることも事実です。分からないがゆえの不安も多いことは否めません。だから勉強すればよいのです。すると自然と未来が見えてきます。だから専門家には、未来社会のことは分かっているのです。それなのに、よく分かっているはずの専門家が、素人に分かりやすく説明してくれません。素人である普通の市民は、分からないから不安になるのです。だからこそ、企業や役所や専門家に向けてきちんと説明することを求めるのです。よく分かっている人は、分からない人にきちんと説明する義務があるのです。

それなのに企業や役所は、きちんと説明しないのみならず、中には自己の有利な立場を利用して、情報を独占し、利益をむさぼっている話もあります。こんな話が聞こえてくれば、普通の市民の立場としては、そのような理不尽を容認できません。いわんや、不正は絶対許すことはできません。最近、企業不祥事の多発化がよく問題になります。内部告発が話題になります。それは、根底に渦巻く市民の怒りが爆発したからなのです。

企業や役所は、専門的な知識を持つ優秀な人たちの集団、すなわち専門家の集団だと思うから、尊敬の念をもって接してきたのに、何たる背信行為。これからは市民に対し、もっと分かりやすく説明せよ。その努力もせず専門家づらしたり、特権にあぐらをかくようなことはもう許せない。市民の怒りは、ここまで高まってきました。

不安を抱く市民が悪いのではありません。不安を持たせる専門家・企業・行政が悪いのです。このような時代と市民意識の変化の中で脚光を浴びるようになってきたのがリスクマネジメントであり、リスクコミュニケーションです。このようなこともあり、近年、リスクマネジメントは実務としても学問としても大きく変貌し、発展を遂げてきました。そこで本書は、学問的な緻密さより実用的な分かりやすさを重視して、説明をしていこうと思います。

彼を知り己を知らば百戦危うからず

これは、孫子の兵法に出てくる有名な言葉です。皆さん方もよくご存じだと思います。普通「敵を知り……」と言いますが、正確には「彼を知り己を知らば……」なのです。戦争をしようとしたら、相手の実力と自分の実力の両方を正しく認識していないと戦えません。

太平洋戦争では、日本軍は米軍の力を正しく認識しようとしませんでした。もちろん一部の人たちはよく分かっていたのですが、軍部は国民にそれを正しく伝えませんでした。それでも真珠湾攻撃は、敵の準備のできていないところを襲うという奇襲戦でしたから、曲がりなりにも勝利を収めることができましたが、米軍の体制が整ってからはひたすら敗退を繰り返す羽目になりました。長期戦になったら、資源も十分でない日本が資源大国の米国に勝てるわけがないのです。そんな無茶な戦争を日本は仕掛けたのです。このような間違いを再びしてはなりません。

リスクマネジメントで重要なことは、第一にリスクの実態を客観的につかむことであり、次に必要なことは、自己の能力と問題点を客観的に把握することです。実力にそぐわぬ強がりを言っても結局は実施できません。リスク対策を検討すると必ずこのような非現実的な強がりを言う人が出てくるのです。相手のことが分からないのみならず自分のことも分かっていない。それでいてきれいごとや建前を主張する。

個人の場合でしたら、こんなことをやっていたら失敗は火を見るより明らかです。しかし、組織になるとどうしてもこのような無責任な人が出てくるのです。ところがこのような人の話は、一見、正論で素人受けし、多数の支持を得やすいのです。のみならず、多くの普通の市民は正確な実体は知りませんから、勇ましい話に拍手喝采を送るのです。しかし、現実性がなく、それでいて組織に動揺と混乱を引き起こすだけで百害あって一利なしです。責任ある組織の指導者は、これに振り回されることなく冷静に対応することが強く求められます。

孫子が一番求めたのは、彼我の能力を正しく認識する。そして、自己の能力を超えることは決してしない。分不相応のことはしないということでした。そんなことをする前に自分を磨く、能力を高める努力をするということでした。これがリスクマネジメントの鉄則なのです。

第一部　リスクマネジメントの考え方

第一部では、今なぜリスクマネジメントが必要なのか、リスク、リスクマネジメントなど、基礎的な考え方の説明を行います。リスクマネジメントが、わが国で広く知られるようになったのは、十数年前からです。保険業界のような先進的な業界では、五〇年以上の歴史がありますが、普通の市民生活にまでリスクマネジメントが入ってきたのは、阪神・淡路大震災を期に、災害への備えの必要性が、注目されるようになってからです。しかし、今日の社会はリスク社会といわれ、安全への脅威は高まり、市民生活の周りには不安が取り巻いています。

そのため、わが国では、リスクマネジメントと安心・安全の確保は、切っても切れない密接な関係を有するようになりました。

第1章 現代社会はリスク社会

1 リスクとともに生きる

なぜリスクマネジメントが必要なのか

現代社会は、何が起こっても不思議でないといわれるほど、いろいろなことが発生します。マスコミは、その都度これらの事件を取り上げ、大きく報道しますから、読者・視聴者である市民の不安も高まります。そのような不安を抱え、社会はもちろんのこと、その構成員である市民も、いろいろな備えをし、万が一のことが起こっても困らないよう、努力しています。にもかかわらず、事件・事故は跡を絶ちません。このような問題を、理論的かつ組織的に対応しようとするのがリスクマネジメントです。

人は、リスクと聞くとすぐ逃げ出したくなりがちですが、一体、リスクとは何でしょうか。残念なことに、リスクにぴったり合致するような日本語がありません。それは、これまで日本人が、リスクのような問題を、あまり熱心に考えてこなかったからだと思います。だから適切な訳語がないのです。これが問題なのです。そこで、本書ではリスクとは、個人的に又は社会的に好ましくないことが発生する可能性と定義することにします。リスクの特徴のひとつは、起こるかどうか分からないという不確実性にあります。

リスクは好ましくないが利益がある

大事なことは、リスクには、その周りに、何らかの人間の行為か状態があり、それ自身は、社会的に有用なことです。もし、全く役に立たないか、有害でしかないのなら、それは完全に除去するか、遠ざかればよいのです。しかし、利益があるから害があっても、抱え込まねばならないのです。交通事故は、自動車がなければ発生しません。しかし、現代社会で車がないなんてことは考えられません。それが、リスクのリスクたるゆえんであり、リスクマネジメントが必要な理由です。

ところが、リスクは、いつどこでどんな形で発生するか分かりません。リスクの中には、人の死のように、発生時期や原因こそ分からなくても、避けることのできないものもあります。また努力次第で、防止あるいは被害を最小にすることができるものもあります。もっといえば、リスクは、常に人や組織に大きな損害をもたらすものとは限りません。まさに確率の問題なのです。したがって、どのようなリスクをどのように評価し、どのように付き合っていくべきかを考えるのが、人が社会生活を送るのに重要なことなのです。これを科学的に行おうとするのが、リスクマネジメントなのです。

リスクとの共生

私たちの周囲には、数え切れないほどのリスクがあります。私たちは、常にリスクに囲まれて生活しているのです。しかも、それはひとつではありません。常に無数のリスクに囲まれています。そして、ひとつのリスクを回避しようとすると、他のリスクが発生する。さらに、現在は、リスクとして認識されていないものでも、科学の発達により、高リスクと認定されるものが出てくるかもしれません。今日のように社会が変化している以上、それは避けられないことなのです。したがって、何が何でもリスクを避ければよいのではなく、リスクと共生し、上手に付き合っていくことも必要なのです。それが今日の社会の特質なのです。

そんなことで、リスクマネジメントの必要性が高まりました。このように考えると分かるように、リスクマネジメントは組織だけのものではありません。個人生活においてもリスクマネジメントは重要です。にもかかわらず、個人生活とりわけ若い人を念頭に置いたリスクマネジメントの参考書がありません。そこで、本書はあくまで人生経験の少ない、若い学生にも理解しやすいようにと心がけ、可能な限り卑近な例を引きながら、分かりやすく書いてみました。そのため学問的な厳密さより、理解しやすさのほうを優先しました。

しかし、本書は、人生のベテランがもう一度人生を振り返りたい、あるいは組織の中でリスクマネジメントを担当している人で、もう一度リスクマネジメントを整理し、考え直してみたいと考えておられる人にも役に立つと確信しています。したがって、リスクマネジメントをもっと詳しく知りたい人は、専門書を読んでください。そして、もう一度この本に戻って考えていただければ、さらに理解が深まることは確実です。

リスクマネジメントの世界では、社会に存在するリスクを、どのように発見し、分析評価するか、その手法をリスクアセスメントといいます。そして、そのリスクを、どのように処理するか、あるいは付き合っていくかを、考え実行することを、リスクコントロールといいます。これを合わせてリスクマネジメントと呼んでいます。

リスクマネジメントは、理論に終わらせてはいけません。人間生活における行動の指針であり、処世の術でもあるのです。知っているだけではだめなのです。常に実践し、そしてもう一度考え直す。これを繰り返すことにより、人生はさらに有意義なものに向上していきます。

コラム

アスベスト

最近、アスベスト問題が大きな社会問題になっています。二〇〇五年六月大手機械メーカー・クボタは、同社の尼崎の旧工場で働いていた従業員および付近住民八〇名が、同社の製品アスベストが原因で、肺がんの一種である中皮腫により死亡したと発表しました。このニュースは、社会全体に大変なショックを与えました。

アスベスト（石綿）は、自然界に存在する鉱物資源で、耐久性、耐熱性、耐薬品性、耐腐食性、電気絶縁性などに優れ、エジプトのミイラを包む布として使用されたことがあるというほど、古くから人類によって使用されてきました。日本では、一七六四年平賀源内が火浣布（火で洗える布）と名付けて、幕府に献上したという記録が残っています。しかも、この石綿は、極めて安価で入手できましたから、長年にわたり、世界中で使用されてきました。日本では、一九五五年ころから、建設資材を中心に、電気製品、自動車、家庭用品等に幅広く使用されるようになりました。とりわけ、ビルの断熱保熱剤として多用されました。

クボタでは、アスベストのうちでも、青石綿といわれる物質を、五四年から七八年まで使用しており、作業中の吸引が発病の原因とみなされています。同期間中の従業員の一〇パーセント以上が死亡していることになりますから、大変な確率で、被害者はさらに増えるであろうと危惧されています。これを製造、使用していた企業・施設は、どのくらいあるのかよく分かりません。どんなに少なく見積もっても数十万はあるでしょう。九九年以降だけでも、すでに犠牲者は一万一千人以上という調査の推定もあります。

アスベストの危険性については、古くから指摘されてきました。世界保健機関ＷＨＯも有害物質として指定しており、英国などでは、昔から厳しい使用制限が課せられています。もちろん、わが国でも使用取扱い制限が課せられていました。この物質は「静かなる時限爆弾」といわれ、吸引から発病までの潜伏期間が長く、発病後の致死率が高いことが特徴です。専門家によって評価は若干違いますが、潜伏期間は二〇年ないし四〇年で、多くは発病後一、二年で死亡するとされ、現段階では効果的な治療法が開発されていません。そのため、二〇四〇年までに死亡者一〇万人を超えるだろうと推定されています。もちろん、これほどの問題があることが分かっていれば、アスベストの使用は当然早くに禁止されたはずなのですが、その当時はこのような問題は、それほど認識されていませんでした。対象建物は、これから順次耐用年数を迎えます。解体により粉塵飛散の可能性があるだけに、今後の厳しい対応が求められます。

危険な物質が、なぜこのように広範に使用されたのか。それは、冒頭にも述べたとおり、この物質の優れた特質にありました。軽い、腐らない、燃えないなど、極めて優れた特質をもち、しかも安くて入手しやすい。これほど便利な物質など滅多にありません。日本経済の発展に大きく寄与したことは否定できません。もちろん、問題点がきちんと認識されていたならば、そんな安易な使用などしなかったはずです。やはり、ここまで深刻な問題があるという認識がなかったのです。問題性は指摘されても、潜伏期間の長さゆえ、問題認識が深まらず、今日まで放置されてきたことは猛省しなければなりません。

リスクマネジメントの世界で重要なことは、そのときどのような努力をしてきたかではありません。重要なことは、すべて結果です。それは、政治や経済の世界でも同じです。後世、評価して悪い結果が出てきたならば、そのようなことを決断して実行に移した人は、結果責任を負わなければいけないのです。安全であることが確実なもの以外は、安易な使用は許されないのです。それが超高度科学技術時代における科学者の責任なのです。これからは、科学技術の世界で悪意はなかったとか、途中経過はよかったなどという弁解は通用しません。だからこそ、先見の明が強く求められるのです。

リスクとは不確実なもの

リスクとは何か。学者や実務家によって定義の仕方は異なります。それは、リスクという用語の使用目的や背景が違うからであり、仕方がないことです。しかし、リスクというのは、ある意味では、発生するかどうか分からない、あるいは、発生するとしても努力次第でその被害を減らすことができるものです。もし、どんなに頑張っても被害を避けることができないものはリスクではありません。それは確実（必然）であり、選択の余地はありません。電車に乗れば電車賃を、収入があれば税金を支払う。それを逃れようとしてはいけません。その逆に、努力すれば容易かつ確実に防止できるものも、リスクではありません。

換言すれば、リスクとは、あくまで不確実なものであり、発生が一〇〇パーセント確実なもの、あるいは、努力すれば発生確率を〇パーセントにすることができるものもリスクではありません。もっとも、そんなものはこの世には存在しません。

日本の社会では、今までリスクと危険とは、ほとんど区別されることなく用いられてきました。辞書でリスクを引いてもただ危険としか書いていないものもあります。リスクマネジメントを理解しようとしたら、その違いが重要なのですが、それは第3章で改めて検討してみようと思います。それまでは、ほぼ同じ意味であると考えてください。

現代社会に存在する多くの危険すなわちリスクは、努力次第で被害を避けることも、減少させることもできるのです。確かに現在の社会は、多くの危険に満ちています。そして、その危険は、質的にも量的にも年々増加し、市民生活を危険と不安に陥れています。

2　次々と新しいリスク

災害克服の努力

地震や洪水のような自然災害は、昔からありました。これらは、人々がどんなに努力をしても、その発生を防ぐことはできませんでした。いつ発生するかも分かりませんでした。したがって、天災と呼ばれ、諦めるしかなかったのです。もちろん、自然災害は必ず来るとは限りません。季節的な偏りもあります。したがって、天文や気象に関する知識や経験が増えれば、ある程度予知が可能でした。また、台風や洪水の被害を減らす努力は重ねられ、かなりの成果を収めることができるようになりました。

そのため、災害大国日本では伝統的に、治山治水は為政者の最大の責務のひとつと考えられてきました。歴史をひもといても、多くの大名や資産家が資産を投入し、多数の農民を動員し、堤防を高くしたり放水路をつくるなどの努力が重ねられ、洪水の被害をかなり縮小させることに成功しました。現在も私たちはその恩恵に浴しています。このような事績は各地に伝承され、地名や堤防名で残されるなどして顕彰されています。

それ以外の災害や事故でも人事を尽くせば、事故を防止し被害を縮小することができるのです。宿命と思って諦めてはいけないのです。迷信や虚言を妄信してはいけないのです。そもそも、天災とは人災に対する言葉です。人災とは「人間の不注意や無為がもとで起こる災害」(『岩波国語辞典』)であり、それに対し天災とは地震、台風など自然界の変動によって発生する災害であり、人知の及ばぬところというニュアンスを含んでいます。

科学だけでは自然や事故は克服できない

これらの災害や事故その他の危険を科学的に分析し、合理的に管理することをリスクマネジメントというのです。しかし、リスクマネジメントをすれば、すべてを克服できると考えてはいけません。最近、世界各地で大災害が発生し、その都度、何百年に一度の大災害であるとか、想定の限界を超えているなどという弁解があります。残念なことは、最近、なんでも科学的にやれば解決するとばかりに、自然の猛威を軽くみたり、危険を忘れたりすることがあることです。

近年、大事故が多発しています。その都度マスコミは、ここぞとばかりに批判を展開し、他方、関係者は、ここまで科学的に分析し、すべての対策を講じていたのに信じられないという顔をします。問題は、自然や危険は必ず克服できると考える、その意識にあるのです。まさに、神を恐れぬ、その態度にあるのです。一〇〇パーセントや〇パーセントというものは絶対ありえない。このことを忘れたからなのです。そして、謙虚さを失ったからなのです。このことを肝に銘じ、片時も謙虚さを失うことなく、研鑽努力すること。これを学ぶことがリスクマネジメントの目的なのです。

例をひとつ挙げてみましょう。二〇〇五年八月の米国のニューオリンズ市を、ハリケーン・カトリーナが襲いました。大潮と重なり、この町のダウンタウンの大半は水没してしまいました。この水害による犠牲者は、三四〇〇人に及んだそうです。世界一の経済と科学を誇る米国で、このような災害が発生したことは、世界を驚かせました。そして、米国内にある貧富の差、人種差別が、今なお深刻な問題であることを改めて知らされました。

何でも克服できるという過信が、被害を極大化させたのです。科学だけでは克服できない人為的なミス、予算不足なども、人間世界では起こりうるという前提が、欠如していたのです。神を恐れぬ所業が、自然の猛威を許してしまったのです。そのようなことも視野に入れ、多重的な対策を考えることもリスクマネジメントの課題です。

他人に迷惑をかけない

先ほど、リスクとは、好ましくないことの発生する可能性といいましたが、それは決して自分にとって好ましくないことだけではありません。社会全体にとって好ましくないこともリスクなのです。考えなければならないのは、むしろそのリスクです。今日、自己中心の社会となり、利益というとすぐ自己利益と考えがちですが、それだけではありません。

人は、すべて社会的存在として実在しています。となると、人は、常に社会に誇れる存在であり続けなければなりません。したがって、常に社会的なリスクを考えながら行動しなければならないのです。そのためにはどうあるべきか、皆さんもそれぞれお考えでしょうが、最低限必要な条件は、他人に迷惑をかけないことです。それだけで十分なわけでは決してありませんが、少なくとも、自分のことしか考えない、自分の利益を図るためには、他人を犠牲にしてもかまわないと考えるようになったら終わりです。

常に他人と自己の利益の調和を図る。さらに、社会全体の発展と向上の中に自己の利益を発見する。それが求められているのです。そのような意味でリスクマネジメントとは、自分の損得を考えることではなく、常に社会的に有益な存在であるためにはどうあるべきかを考えることなのです。それがリスクマネジメントなのです。したがって、リスクマネジメントを学ぶということは、人生の生き方を学ぶことなのです。

ハイリスク・ハイリターンとよくいわれます。社会の発展には必要なことです。しかし、いかなる場合も他人の利益を犠牲にして自己の利益を図ってはなりません。この場合、利益とは金銭的利益だけではありません。他人の尊厳を傷つけない。他人の嫌がること、他人を苦しめるようなことをしてまで自己の利益を図らない。リスクを取るときは常にこのことを配慮することが必要です。したがって、不必要な失敗から自己と社会の利益を守ることがリスクマネジメントの要諦なのです。

昔の占いは科学だった

最近、若者や女性向けの雑誌やテレビを見ていると、星占い、姓名判断などがはやり、血液型による性格判断のような、どうみても全く合理性も科学性もないようなものが、まかり通っています。それを座興としてでなく、本気にしている人もいるようです。

原始時代や古代には、占い師や祈禱師に頼るしか方法がありませんでした。その時代には、彼らこそ最大の知識人であり、その該博な知識と経験を活用して、未来を予見し、社会をリードしていました。そして、他に頼りにするものを持たない人たちに、心の安らぎや指針を提供してくれました。まさに宗教としての役割も果たしていました。

それなのに、現代社会は、伝統的宗教には無関心で、占いのようなものを本気で信ずる。一方では、科学を過信し、神を信じぬ空恐ろしき所業。それこそ、不安多き社会の特異現象かもしれませんが、どこかバランスを崩しているとしか考えられません。だからこそ、リスクが拡大し深刻になっているのです。

最近あまり読まれない古い本ですが、古代中国の古典書に『四書五経』と呼ばれるものがあります。これは儒教の基本的な文献で、『論語』が特に有名です。その『四書五経』のひとつとして『易経』がありました。それをひもとくと「生生之謂易、極数知来之謂占」という言葉が出てきます。これをそのまま読めば「生生。これを易という。数を極め来たるを知る。これを占いという」ということです。ここで、生生とは世の中のすべての現象のことです。また、数とは事の成り行きとか自然の摂理という意味であり、来とは未来の意味です。したがって、その意味は、この世は常に生成発展、絶えず変化してやまない。その変化を正しく理解することを易というのです。そして、現在起こっているいろいろな事象や原理原則を正しく理解し、それにより将来起こりうるであろうことを推測すること。それを占いというのです。皆さん方の中に易や占いに凝っている人がいるかもしれません。でも、それをするのなら是非、二五〇〇年前のこの本のことを知ってください。

このような説明からご理解いただいたと思いますが、易や占いをするにはものすごく勉強し、常識豊かな人間になることが求められているのです。世の中のことを知らず、人の運命など推測することなどできるわけがないのです。以上の説明からもお分かりのように、現在を正しく理解することが未来を知る方法なのです。だから、現代の最高の知恵者ドラッカーも、実は二五〇〇年前の中国の儒学者と同じことを言っているにすぎないのです。したがって、リスクマネジメントとは人生の生き方を学ぶことなのです。

ですから優れた易者は、顧客の話をとことん聞くのです。何を悩んでいるか。どこに問題があるのかを聞き出すのです。そして、易者としての豊富な人生経験と知識をもち、自然科学や倫理学などに通じています。それらを総合判断した上で助言を授けるのです。筮竹《ぜいちく》を振り回せば答えが出てくるわけではないのです。だから良い易者は、聞き上手なのです。

優れた易者は、顔を見ればぴたりと当てるといいますが、よく聞いてみますと当たるのは、本当に苦しみ抜いている人、悩んでいる人の相談だけであって、遊び半分で来るいい加減な人、たいして悩みもない人の気持ちなど分からないそうです。でもそんな客が来ても、適当にあしらっておけばよいから問題はないのだそうです。その程度の人生経験も勉強もしていないような、街頭易者や週刊誌の占い判断しか頼るものがない人間にだけは、成り下がらないでください。

コラム To err is human

To err is human, to forgive is divine.（過ちは人の常、許すは神の業）

これは、一八世紀の英国の詩人アレキサンダー・ポープの詩（An essay on criticism）の一節です。一九九九年、米国科学アカデミー・米国医学研究機構が出した報告書「健康システムの構築」のタイトルとして使用されたことで有名になりました。日本語ではもっと分かりやすく、「人はだれでも間違える」とか「間違いを犯さない人間はいない」などとも訳されます。年間に何万件という大量の医療ミスと訴訟に苦しむ米国で、医療事故を防止するにはどうしたらよいかを、検討した際の報告書のタイトルが、このフレーズです。

事故の原因は多岐に及んでいます。しかし、言えることは、組織でも個人でも人間である以上、その注意力には限界があること、とりわけ長時間注意力を維持することには限界があることを認識し、各種の事故防止対策を講じなければならないことが、本書では強調されました。いわゆるヒューマンエラーについては、すでに心理学者を始めとする多くの分野の学者によって分析され、その対策が提言されています。

特に、度忘れ・うっかり・思い違い・思い込み・言い違え・書き違い・聞き違え・錯覚・勘違いなどという言葉が多数あるように、ふとした間違いがあることは、だれもが経験していることであり、これを根絶させることは不可能でしょう。そこで、この詩人の言うとおり、人は過ちを犯すものであり、これを許してくれるのは神様だけであり、人としてはひたすら謙虚であるべきだということなのです。それを必ず防止するという信念で、多角的な事故防止システムの構築に努めれば、多くの場合、事故は防止できるが、いったん事故になったら大事故になる。これが最近の大事故発生の背景にあるのです。

もちろん、私たちは事故防止に全力を尽くさねばなりません。しかし、それが次なる大事故を呼んでいることも自覚しておかねばなりません。いわんや、ひとつの事故が克服できたからといって、それを踏まえてさらに高度な困難に挑戦する。それは貪欲なくらいでとどまるところを知らない。そんなことを繰り返していたら、事故は減らないのみならず、かえって大きな事故を誘発します。ジャンボジェット機がなければ、犠牲者五〇〇人の事故など起こらないのです。時速一二〇キロの猛スピードで列車を走らせなければ、あの脱線事故は起こらなかったのです。不可能に向かってあくなき挑戦も、ほどほどにしなければなりません。

先達の知恵

昔の人は、良いことを言いました。ことわざにして、多くの教訓を残してくれました。昔は、いかに危険が多かったか。現代のように科学知識が豊富で、各種事象が科学的に説明できるなら、そんな不安も生じなかったでしょうが、それができなかった時代、分からないがゆえの不安もたくさんあったでしょう。無知こそリスクの根源だからです。それでも古人は、危険や不安と戦い、それを克服しながら、困難を乗り切ってきました。したがって、故事をひもとき、その教訓を現代に生かす。それこそリスクマネジメントの近道と考えます。

そのひとつが「虎穴に入らずんば虎子を得ず」。何もしなければ何も得ることはできません。リスクマネジメントは、決して、慎重の名の下に何もしなかったり、安きに流れたり、無気力な人を擁護するためのものではありません。明日の社会のために積極かつ真摯な努力をする人を、予期せぬ失敗から守るためのものです。

また、リスクマネジメントは、無知・無謀・無計画を決して容認するものではありません。いわんや、非科学的な迷信・妄言などに惑わされ、合理的判断をしようとしない者に、弁解の口実を与えるものではありません。汗水たらしての努力を怠る者を擁護するものでもありません。あくまで目的完遂のため、困難に向かって積極果敢に挑戦する者が不安におびえることなく、安心して学業や仕事に邁進できるようにするためのものであり、社会や家族、友人を、愛する人を、不用意な失敗から守ろうとするためのものです。

第2章 リスクマネジメントの方法と手順

ここでは、リスクマネジメントとは何か、リスクマネジメントはどのように進めるべきかについて、基礎的な説明をします。リスクマネジメントは、普通、政府機関・地方自治体・企業・大学・病院などの組織を念頭に論じられることが多いのですが、本章では、個人生活なども念頭において考えてみたいと思います。詳細については、後の章で改めて論じますので、ここでは、リスクマネジメントについての理解をしやすくするため、可能な限り単純にし、骨子についてのみ論ずることにします。

1　リスクの多面性

考えられるリスクの局面は無限にあります。そこで、最初にいくつかの具体的ケースを想定して検討してみましょう。

タバコの功罪

タバコの原産地は、北米といわれています。原住民のインディアンの間で愛用されていました。最初はインディアンのまじない師がニコチンの興奮鎮静作用を用いて戦勝祈願したり、がらがら蛇、サソリなどの解毒作用に使用されていたそうです。インディアンの和を結ぶ儀式に「平和のパイプ」として使用されていたこともよく知られています。それが一五、六世紀ころジャガイモやトウモロコシとともにヨーロッパに伝わり、またたく間に世界に広がりました。日本には江戸の初期に南蛮貿易で伝わり、庶民の生活習慣に溶け込み、社交、疲労回復、接待、連帯感維持に幅広く用いられるようになりました。それが今や、世界中に禁煙運動が広がり、目の敵のようにされるようになりました。

愛煙家に言わせるとタバコは「リラックスし気分が落ち着く。疲労・ストレスが解消する」など効能は大きいそうです。しかし、タバコは発がん性、呼吸器疾患など健康にも有害であるし、煙い、臭い、汚すなどと評判もよくありません。依存性もありやめられなくなる弊害もあります。本人のみならず他人迷惑だというのが、禁煙運動の広がる背景にあります。

このように考えてみれば、タバコ以上に健康に有害でリスクの大きいものはありません。それなのにタバコをやめられない人がいる。ということは、愛煙家にとってはリスクに勝る効用があるということです。その人たちにとっては、リスクは自分で負うから、喫煙を認めてほしいということなのです。禁煙運動をする人たちにとっては、愛煙家の健康を気遣ってのことだけではありません。煙いし周辺の人の健康にも有害であるからです。

常に他人のことも考えねばならない時代です。でもそれは今も昔も変わりません。その昔、仕事中にタバコを吸うなんてことはありませんでした。くつろぎのときに限られていました。弥次喜多道中に必携のキセルを、歩きながら吹かしているなんて光景を想像できますか。くわえタバコ、歩きタバコ。この非礼に怒っているのです。でも、貝原益軒の名著『養生訓』にもタバコの害のことが書かれていますから、昔から変わらないのかもしれません。

電車・バスに乗ったら

都会生活を営もうとしたら、電車、バスに乗らないわけにはいきません。どのようなリスクがあるのでしょう。二〇〇五年四月、尼崎で大きな列車事故がありました。一〇〇人以上の乗客が痛ましい犠牲になりました。私たちは、乗客としていつ事故に遭うか分かりません。不安は高まります。それは、バスでも、飛行機でも、乗用車でも同じです。だからこそ、公共輸送機関の関係者に対しては、安全の上にも安全に配慮し、事故防止に万全を期することを強く要求するのです。

それなら、例えば東京から大阪に行くのにどれが一番便利で安全でしょうか。参考まで表を作ってみました。**図表1**です。私たちは、平素の生活でも、いろいろな交通機関の中から、最適のものを選びます。選択の基準としては、所要時間、料金、快適性、利便性などがあります。

この図表によれば、航空機が一番安全で、夜行バス、自家用車が最も危険だということになります。しかし、料金はその逆になります。快適性、利便性などは、乗る場所、年齢、目的などによって異なると思います。

地震に遭ったら

最近よく地震のニュースを耳にします。一九九五年一月一七日の早朝、阪神・淡路地区を大震災が襲いました。死者六四三四名という多数の犠牲者が出ました。世界を見渡せば毎年各地で大地震が発生し多数の犠牲者が出ています。その中でも二〇〇四年一二月のスマトラ島西方沖地震とそれに伴うインド洋大津波を忘れることはできません。犠牲者は、少なくとも二〇万人は超えたものと推定されます。日本の国内でも

図表1　東京大阪間交通機関別コストリスク比較

種　別	時　間	料　金	死亡率	快適性・利便性
航空機	50分	18,000円	2×10^{-7}	速い・便利
新幹線	3時間	12,000円	3×10^{-7}	速い・快適
在来線	9時間	8,500円	3×10^{-7}	鉄道旅行楽しみ
夜行バス	10時間	5,000円	2.4×10^{-6}	安い寝ていける
自家用車	7時間	5,000円	2.4×10^{-6}	直行可・運転疲労
船舶徳島	11時間	11,000円		自転車運搬可
自転車				途中を楽しめる

（注1）　快適性・利便性・アクセスは次の個人事情により異なる。
　　　経済力・時間の余裕・年齢・行き先地・同伴者・旅行目的等
　　料金・所要時間は季節・時間帯により異なる。
（注2）　警察庁・国交省陸運統計要覧（各2001年版）を参考にして作成した。

近い将来、東海、南海、東南海などの大地震の発生は避けられないであろうと危惧されています。

地震が発生したらどうしたらよいか。すでに多数のマニュアルが発行され、だれもがそれなりに考えていると思います。発生直後なら、

1　落ち着いて身の安全を
2　火災の防止
3　より安全な場所への避難
4　危険な場所に近づかない
5　協力し合って他の被災者の救済
6　正しい情報の入手

などはよく言われることであり、改めてここで言うまでもないかもしれません。よく考えているつもりでも、いざとなるとそのときの状況に合わないこともあります。だからこそ、自宅で地震に遭ったら、学校・勤務先なら、道を歩いていたら、地下街なら、エレベーターの中なら、家族とばらばらになったらなど、具体的な問題を想定し、学校で、職場で、家庭で皆と話し合っておくことも必要です。

地震のような災害は、自分だけが被害に遭うのではありません。地域社会の人が同時に同じ被害に遭います。もしかしたら、あなたは最も運の良いほうかもしれません。その場合は、もっ

と援助を必要としている高齢者、病人、負傷者などに救護の手を差し伸べることが市民の義務として求められています。あなたが水で困っているなら周りの人もみな同じ苦しみを感じているはずです。自分のことばかり考えてはいけません。

2　リスクマネジメントの手順

リスクマネジメントの方法や手順は、あってないようなものであり、それこそ無限に考えられます。また、特別な理論など知らなくても、リスクマネジメントは実行されています。しかし、概観的に考えてみますと、リスクマネジメントは、おおむね**図表2**のような手順を踏んで進められていきます。それは実行者が必ずしも意識して行っているわけではありません。

それは最初にリスクがどこにあるかを見つけ、それをリスクであると認識することから始まります。時には、すでに起こってしまったことを、自己（組織又は個人）にとって、重要なリスクであると再認識することから始まることもあります。そして、それを自己にとってどのような影響があるのかを考え、それに応じ、どのような対応策があるかを考えるのです。それほど重要でないとして対策をせず放置することもあるでしょう。このように放置することも、リスクマネジメントの対応策としては考えられることです。いずれにせよ、何らかの判断によりリスクマネジメントの対応策としては考えられることです。いずれにせよ、何らかの判断により行動する（あるいは行動しない）ことになります。このような一連の判断と行動をリスクマネジメントというのです。これを時間をかけて慎重に判断し、行動に移すこともあれば、とっさの判断で、リスクの発見から行動までが一瞬にして行われることもあります。川で溺れる子供を助けるために飛び込むことなど一瞬の判断ですが、それでも全部の手続は脳裏で行われているのです。以下にもう少し詳しくこの手順を説明します。

リスクの発見と評価

もう少し詳しく説明すれば、リスクマネジメントとは、**図表2**の中央の矢印のあるラインに示されたもの、すなわち、リス

図表2　リスクマネジメントの手順

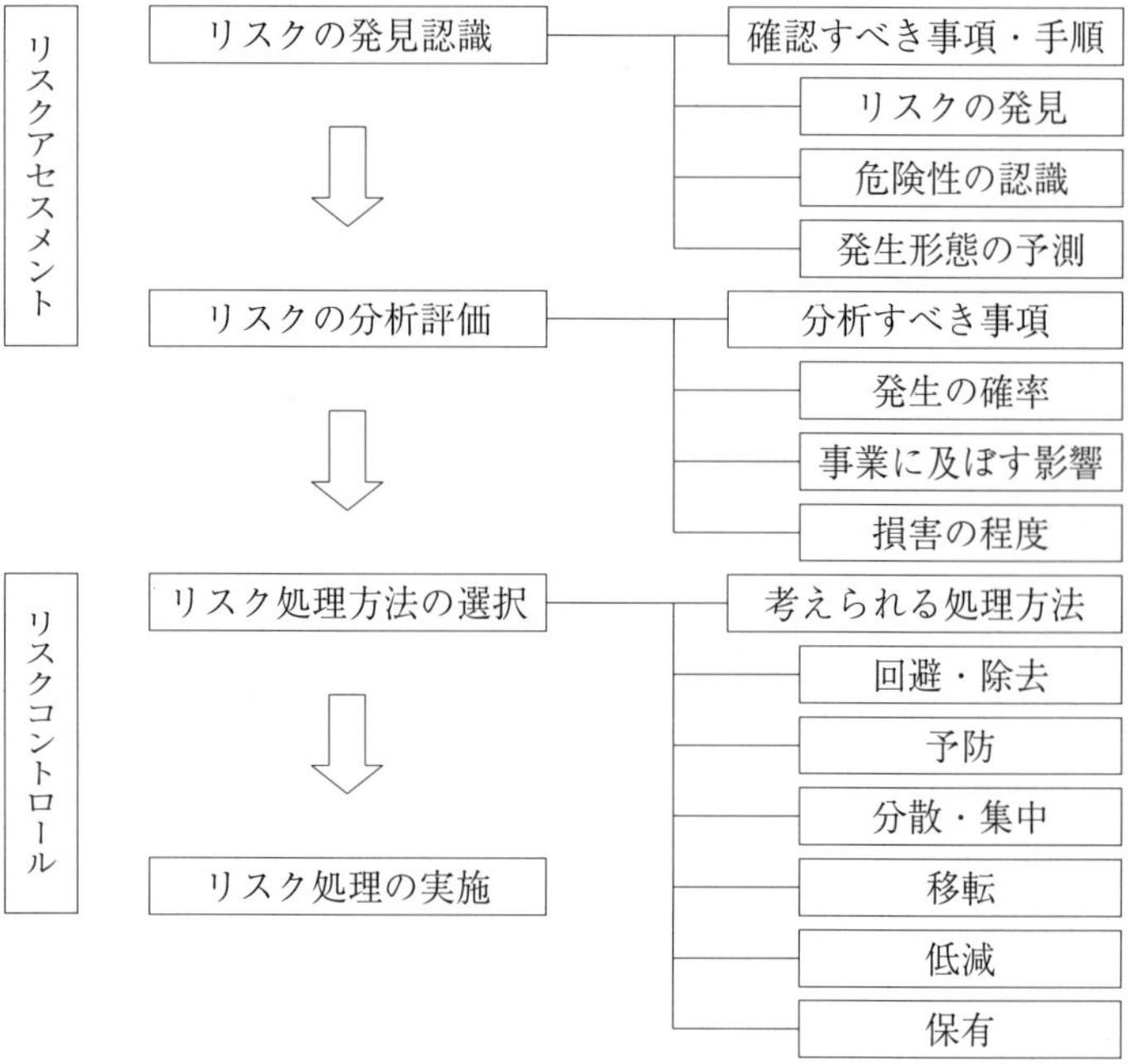

クの発見認識からリスクの分析評価、リスク処理方法の選択、そしてリスク処理の実施までの一連の手続をいいます。この一連の手続を専門家は、リスクマネジメントプロセスと呼びます。要するに、自分の周りにどのようなリスクがあるかを発見し、それをリスクとして確認・認識することです。次いで、そのリスクを分析・評価し、それをどのように処理するかを検討し、それを実施します。

リスクの発見認識と分析評価を併せて、リスクアセスメントといいます。リスクの発見・確認に当たり行うべきことは、最初にリスクがどこにどのような形で存在するかを見つけ出すことです。そして、そのリスクがどのような形で発生し、自分に対しどのような危険をもたらすのかを考えます。ここまではそんなに難しいことではありません。ごく気軽な気持ちで思いつくままにリストアップしてみればよいと思います。

次に、たくさんリストアップされたリスクを比較考量しながら、分析評価します。そこでは、発生の確率はどの程度か、発生したらどのような損害が発生するか、自分や組織の将来にどのような影響を及ぼすかなどを、なるべく具体的かつ実際的に検討することです。企業活動のような場合はともかく、個人生活の場合などでは、そんなに緻密にする必要もありません。また、しようとしても現実には不可能です。

現実的なリスク評価を

しかし、たくさんのリスクがある場合、どちらのほうがより重要か、また、どちらのほうがより深刻な影響を与えるかを現実的に考えねばなりません。あまり抽象的に考えたり、非現実的なリスクを過度に重視してはいけません。それは、リスクマネジメントでは最も嫌うところです。あくまで現実的な姿勢で比較考量することが、リスクの分析評価で最も重要なことです。例えば、地震が起こったらどうするかを考えることは必要です。その際は、どこに避難するか、家族との連絡方法など実際的なことを考えながら検討してください。しかし、隕石が落ちてきたらどうするか。私なら考えません。話題としてはおもしろいテーマですが、現実性がないからです。

このようにして、リスクを発見し分析評価することを、通常、リスクアセスメントといいます。このリスクアセスメントこそ、リスクマネジメントで最初にしなければならないことであり、最も重要なことなのです。

リスクの処理

さらに、このようにして分析評価されたリスクに対し、それぞれどのように扱うかを検討します。これをリスク処理方法の選択といいます。その方法として考えられる中で最も基本的なのは、その危険を取り除くことです。それができない場合は、そのリスクから遠ざかることです。これをリスクの回避・除去といいます。その危険を、事件になる前に取り除くことを予防といいます。それが最も望ましいことですが、これを一〇〇パーセント確実に行うことは、現実には不可能です。

リスクマネジメントを実施する前から、そんな悲観的なことを言われたら、意欲がそがれると思うかもしれませんが、このことを正しく認識することがある意味でリスクマネジメントの最重要課題なのです。リスクマネジメントはお守り札を買うことではないのです。それをしたからといって、完璧にリスクを予防したり、事前処理できるものではなく、被害の確率や被害額を下げることができるだけなのです。

したがって、現実には、各種手段でリスクコントロールが可能な程度にまで、危険のレベルを下げればよいのです。そして、確率や危険度の低くなったリスクをさらに監視し続ければよいのです。リスクマネジメントは、通常、このような方法で進められます。万全を尽くしたとしても、リスクマネジメントに絶対というものは存在しません。いかなる場合も慎重に最悪の事態に備え、決して慢心せず、何段階にも対策を講じておくことが必要なのです。この心構えこそリスクマネジメント究極の精神なのです。慢心が原因で、起こさないでよい事故を起こしてしまった人が、いかに多いかを忘れないでください。堺屋太一さんの小説『油断』は、まさに十分に備えてあるから心配ない、と考えたところから話が始まるのです。

多角的な検討を

リスク処理方法として考えられるものには、そのほかに分散・集中、移転、低減、保有といわれるものがあります。ひとつのリスクに対し、処理方法はひとつとは限りません。例えば、火災の危険に備え、建物の不燃化を行います。しかし、それだけでは十分でないので消火器を置いたり、防火・避難訓練を行ったりします。ここまでは、回避・除去・予防といわれるものです。それだけでは十分でないので、企業では工場を分散し、万一の被害の低減を図り、さらに保険をかけます。これによってリスクを他に移転させるのです。

このようにリスク処理方法も、いろいろ考えられるわけですから、これはダメと最初から決め付けたり、ひとつしてあるから安心だなどと楽観せず、多角的に考えてみる。すると最初に講じた措置が意外と不十分であったり、不要であることなどが発見できます。

リスク処理の方法については改めて「第6章　リスクコントロール」で詳しく説明しますので、ここではこの程度にして話を先に進めます。

一回では終わらないリスクマネジメント

このようにして、リスク処理方法を具体的に実施することにより、リスクマネジメントは、一回りします。しかし、これだけでは完結しません。リスクコントロールを実施して初めて、新たなリスクを発見することもあります。時間の経過により、昨日までリスクと考えられなかったことが、新たにリスクとして計上されるものもあります。そのため、このリスクマネジメントプロセスは、何回もサイクルのように繰り返すことが必要なのです。その過程で繰り返し、反省検討することも忘れてはなりません。

多くの失敗事例を分析して分かることですが、だれでも問題点は認識しており、それなりに対策を講じてあるのです。何もしていないわけではありません。ただ対策が中途半端であったり、不十分であるにもかかわらず、その対策に安心しきってしまい、それ以上の努力をしていなかったがゆえに、事件になってしまうのです。昔から、このような教訓はたくさんあり、「画竜点睛を欠く」、「のどもと過ぎれば熱さを忘れる」、「災害は忘れたころにやってくる」など、ことわざになったものも少なくありません。

もうひとつは、リスクの認識もリスク対策も理論的には全く問題ないのですが、問題はそれを実行するだけの能力が伴わない場合です。やはり自分の実力にふさわしい対策を立てなければなりません。それを実行できるだけの能力涵養の努力を日々しておかねばならないのです。

痴漢に遭ったら、逆手をとって羽交い締めにして締め上げるから、大丈夫なんて強がりを言うお嬢さんがいました。それなら平素から護身術の訓練をしておかねばなりません。それもしないでおいて、いざとなったら絶対やっつけてやるなんて強がりを言ってはなりません。やはり暗い夜道は一人歩きせず、人通りの多い早い時間に帰宅することを心がけるしか方法はないでしょう。

3　なぜ失敗するのか

以上でリスクマネジメントの手順の説明は終わりです。このように考えると、リスクマネジメントというのは、非常に簡単に思えるかもしれません。そのとおり理論的には簡単なのです。要するに、リスクマネジメントとは、万が一のときどうするか。それをあらかじめ考えておくことなのです。そんな簡単な話をなぜ間違えるのか。なぜ失敗するのか。理由はいろいろあります。

その中には、予期せぬ事故に気も動転してしまって、平素から考えていたことが実行できなかった。何となく理解でき、同情したくなるようなこともあります。しかし、そのような失敗をしないようにするのがリスクマネジメントですから、同情ばかりしているわけにはいきません。挫折感を味わったことがない人。失恋経験もない。大学受験も、就職試験も常に一発で受かったなどという、順風満帆な人生を歩んできた人が結構つまずくのです。

ひとつは、平素から、いざというときどうするかを十分考えていないからです。別な言葉でいえば、やわなのです。人生や社会を甘く見すぎているかもしれません。横着と驕慢はリスクマネジメントの敵です。謙虚こそリスクマネジメントに必要なことです。打たれ強さとしたたかさが求められます。入社試験であがってしまい、言いたいことが言えなかったとか、電車が遅れて間に合わなかった。こんな弁解はリスクマネジメントでは通用しません。そのような弁解をしない用意周到な人を選ぶのが試験の目的です。企業の側だって会社に本当に役立つ人を採用しようと必死です。弁解する人など要りません。

変化に弱い人は失敗する

滅多に起こらないことに備えることを「万一に備える」ということから分かるように、万が一の事態などというものは滅多に起こりません。文字どおり、一万分の一の確率ということですから、それは滅多に起こらないはずです。

しかし、平素から惰性に流れ、過去の経験だけで行動する。新しい事態など受け入れようとしない。この変化の激しい時代に過去の価値観しか受け入れない。子供のときに身につけた生活パターンを変えようとしない。このようなことを繰り返していたら、いずれつまずくことは目に見えています。この世の中には、考えておかねばならないことは万とあります。その中で一万分の一の確率ということは、リスクマネジメントの世界では必ず発生するという理解です。それに備えないほうが悪いのです。

変化の時代に最も求められるのは、柔軟な発想、臨機応変な行動です。教条主義は行動を鈍らせます。慎重は重要ですが、遅すぎる決断もリスクマネジメントの敵です。現実的な対応こそリスクマネジメントで求められることなのです。

決め手は高度な倫理観と社会常識

このように説明すると、自分は大丈夫、臨機応変の権化のようなもので、融通のきくこと、自分の右に出るものはいないと自負する人がいるかもしれません。確かにそのような人はいます。協調性に富み、どんな人とも合わせることができる。清濁併せ呑むことができる、融通無碍の塊のような人がいます。体育会系といわれる人の中にまま見受けられます。渉外担当などに向いているように見え、組織では結構重用されます。ところが、そういう人がよく失敗するのです。相手の無理難題を聞き、間違っていることを受け入れてしまうのです。協調性や柔軟性は重要です。しかし、世の中が許さない非常識や不道徳なことをしてはいけません。いざというとき最も重要なのは、倫理観、社会常識そして確固たる信念です。

リスクマネジメントで大事なことは、判断の基準であり、行動の指針です。それは、リスク評価するときのものさしであり、リスク処理をするときの方針なのです。それらがしっかりしていない限り、いくらリスクマネジメントのテクニックが優れていても、良い結果は生まれません。これらを適切に行うには、平素から人間性を磨き、いざというとき正しい判断と行動ができるよう、人間修養が必要です。

いざというときにこそ人間性が現れるのです。倫理観より人間関係を大事にする。狭い世間の目ばかり気にし、社会常識を曲げてでも人に嫌われないことを金科玉条にする。最近多発する企業不祥事の影には、このような間違った人間関係や業界常識がばっこしているのです。これも大企業病のひとつです。しかし、これからは、このような世渡り上手だけでは世間では通用しなくなるでしょう。

大事なことは、万一のときこそ世間に胸を張って通用する常識を発揮すること。姑息な手段を選んではいけません。正道・大道を歩みましょう。安易な妥協は許されません。そのために、子供のときから家庭や学校で、道徳・倫理を学んできたのです。変化の時代に過去の慣習にとらわれてはいけません。大事なことは、何が良き慣習であり、何が打破すべき悪しき慣習なのか、これを峻別する能力を養うことです。これこそリスクマネジメントの究極の課題です。どんなにテクニックを学んでも、これを間違えたら、見当違いの努力をするだけになるのです。

夢・信念と社会利益の合致こそ難局克服の条件

夢もなく信念もなければ、困難な事態を乗り切ることはできません。強い志と理想があればこそ、困難な事態に耐え、難局を克服することができるのです。組織が危機を乗り切るには、明確な目標と強いリーダーシップが必要です。それは個人の場合でも同じです。将来へ向けての確固たる理想と明確なビジョンが必要なのです。

それは自分本位のものではだめです。家族のため、社会のためなど利他的なものでなければ、長期の困難を乗り切る支えにはなりません。夢や希望の実現には、社会常識との合致と周囲の支持が必要なのです。いかなる場合でもそうですが、成功の秘訣は、自己の利益と社会の利益を合致させることです。最終的判断は常に社会がするものです。自分だけにしか通用しない主張をしたり、自分だけの利益を図ろうとしても、それは短期には通用しても、長期には通用するものではありません。だからこそ、リスクマネジメントをするものには、社会常識の涵養が求められるのです。

そもそもリスクマネジメントにしかない、固有の手法なんてものは存在しません。ビジネスに成功しようとしたら、これしかありません。友人関係がうまくいくかどうかもこれだけです。自分のことしか考えない。周りのことなど全く考えない。友人の立場を考えようともしない。そのような人と友人関係が長続きしますか。社会関係だって同じです。自分の利益と社会の利益が合致するときのみ、社会に受け入れられるのです。

リスクマネジメントだけに特別な価値基準などというものが、存在するわけがありません。ものづくりの会社では、どんなに良いものを作ったつもりでも、それだけでは売れません。お客様の利益と合致するときにのみ売れ、利益が上がるのです。お客様にとって価値とは、品質・価格・サービスの三点です。どれひとつ欠けても満足しません。それと同じです。

4　危機管理とリスクマネジメント

話は少し変わりますが、ここで危機管理について触れてみようと思います。マスコミは危機管理という言葉が好きなようで、何か事件が発生するとすぐ、危機管理という言葉を使います。それは、危機とか危機管理という言葉に独特の強い響きがあり、そのニュースの重大性を感じさせ、読者・視聴者にインパクトを与えることができるからです。それでなくても、不安の多い世の中、危機といえば市民はすぐこのニュースに飛びつくからです。

キューバ海上封鎖

歴史上、危機管理という言葉が市民の間に広まったのは、一九六〇年代です。一九六一年米国ではケネディが大統領に当選しました。四三歳という若さで登場した大統領は、米国のみならず世界を歓喜の渦に巻き込みました。それまで米ソの対立から世界は暗い影が差し始めていたのが、同大統領の登場により平和と夢とロマンに満ち溢れたようになり、市民は歓呼の声をもって迎えたのです。しかし、それは軟弱にも見えたのです。

その状況下で、フルシチョフ首相の率いるソ連は、チャンスと思ったのか、キューバに核ミサイルを持ち込もうとしました。前々年就任したカストロ首相を支援するためです。しかし、キューバは米国からわずか二〇〇キロメートルしか離れていない、米国人にとっては憧れの保養地でもあったのです。これでは、米国ののどもとに銃が突きつけられたも同然であり、米国全土がいつでも核攻撃の危険にさらされることになります。九・一一同時多発テロの比ではありません。

その時、ケネディ大統領は比類なき指導力を発揮しました。直ちに臨時閣議を招集し、これを断固阻止することを決定し、テレビで国民に公表するとともに臨戦態勢を敷き、キューバ周辺海域を海上封鎖しました。一隻のソ連船もキューバには近づけさせないという覚悟です。まさに一触即発の危機です。第三次世界大戦にもなりかねない危機的な状況でした。本気でした。米国は、世界中に配備した自己の持てる核兵器の照準を、すべてソ連に向けなおすなど緊迫状態になりました。この気迫に押され、ソ連はミサイルの撤去を公表しました。

もちろん、この間に国連を含む国際社会の大きな動きもありました。これは一九六二年一〇月二二日から二九日までのわずか一週間の出来事でした。世界を震撼させました。この時の話はその後映画になり、多くの回顧録が出版されるなど、記録も残されています。そして、この多角的な対応措置が危機管理と呼ばれるようになりました。

米国のすごいところは、このようなとき、すべてをありのまま国民の前に公表することです。うそ隠し事がないことです。そして、このとき国民は指導者の下に結束することです。「危機に臨み指導者の下に結束せよ」。これは開拓時代からの伝統です。それまでにいかなる対立があろうと、それを一時置いてでも指導者の下に結束します。九・一一危機でもそうでした。それまで低迷していた支持率[※1]が一瞬のうちに急上昇するのもその現れです。

危機と危機管理——定義と語感

普通、世間では、危機管理とリスクマネジメントはほとんど同義語として使われています。人によっては、大きな問題が発生したときを危機といい、日常生活で起こる普通の問題の対処の仕方をリスクマネジメントという人もいます。確かに戦争や内乱などのような非常事態を危機というのでしょう。辞書を引いてみると、「悪い結果・成り行きを招くかも知れない、危険で不安な時」（『岩波国語辞典』）、「生命が脅かされ、そのものの存立・基盤などが危うくされるおそれの感じさせられる、絶体絶命の事態」（三省堂『新明解国語辞典』）となっており、リスクと比べると緊迫感がだいぶ違います。一緒に使われる言葉も、財政危機、食糧危機、経済危機など国家的視野があるかもしれません。

専門家も、危機とは「いつ起こるか分からない突発的非常事態で発生すれば個人や社会に甚大な影響がある」として、事態の異常性、巨大性、突発性を危機の特徴と考えているようです。したがって、危機管理とは、「重大事件とか巨大事故など起こってほしくないことが、万一発生してしまったとき、その影響を最小限にするために取られる具体的施策」と考える人が多いようです。

それに対し、リスクマネジメントとは、危機に至らない小さな事態と考える人もいます。また、事故や不祥事などが起こらないように、事前に予防的な対処に主眼を置いた組織的計画的な対応をリスクマネジメントというと考える人もいます。

別な学者[※2]は、危機管理とは「いかなる危機にさらされても組織が生き残り、被害を極小化するために、危機を予測し、対応策をリスクコントロール中心に計画し、組織し、指導・指揮・命令し、調整し、統制するプロセスである」と定義しています。ここでは、国家とか巨大企業など社会的に存続が義務づけられているような組織が念頭にあります。それに対し、リスクマネジメントとは、どちらかというと、企業のようなものが事業を存続させるために事業によって生ずるリスクとか不確実性によるマイナスの影響を最小限にしようとする経営手法なのだと思います。

このように掘り下げて考えてみれば、面白い問題がたくさんありますが、現実の世の中でこの二つの言葉をそんなに厳密に定義・区別して使っていない以上、そんなに深く考える必要はないと思います。それぞれの使う人たちの語感や置かれた状況、目的によるわけですから。事実、最近の用語例を見ても、初めは確かに国家的な視野から使われることが多かった危機管理という言葉も、その手法は他の分野にもそのまま利用されるようになりました。そんなことでいつの間にか、日常生活の中でごく自然に活用されるようになり、今では家庭生活の危機管理といっても、別に違和感を感じないようになりました。大いに結構なことだと思います。

5　保険とリスクマネジメント

このように危機管理とは、その由来からも分かるとおり国家的な視野がありました。それに対し、リスクマネジメントは、その由来はもっと古く、また、保険の世界とも切っても切れない関係にありました。リスクマネジメントという言葉が初めて使われたのは、一九三〇年代のことだそうです。それは一九二九年から始まった世界恐慌と密接な関係がありました。資本主義の宗主国といってもよい米国からは、企業経営の新しい手法が次々と開発され、世界に紹介されてきました。そのひとつが保険制度とリスクマネジメントです。

保険とともに発展したリスクマネジメント理論

ヨーロッパに生まれ、資本主義とともに成長した保険制度は、米国ではさらに一段と花開き、多角的に活用されるようになりました。ところが、一九二九年から始まった世界大恐慌では、従来からの保険では企業の損失をカバーすることができなくなりました。保険制度の弱点は同時多発と超大規模の損害や変化に弱いことです。大恐慌はまさにこれが起こってしまったのです。保険会社そのものも、事業を継続することが不可能になりました。その反省から生まれたのがリスクマネジメントの理論でした。しかし、保険と不即不離の関係を維持しながら、リスクマネジメント理論が本格的に展開したのは、第二次世界大戦後のことです。

企業にとっては保険をかけることは万一の保証であり、安心して大胆な事業活動を展開するためにも不可欠です。しかし、保険会社にとっては、もし、企業が保険をかけてあるから安心とばかりに、無謀な事業活動を始めたらたまりません。ですから、企業に対しあれやこれやと口を挟み、失敗しないように助言・指導しなければなりません。そこで生まれてきたのがリスクマネジメントの手法なのです。そんなこともあり、リスクマネジメントは誕生の始めから、学問というより実務のテクニックだったのです。

このような経緯もあり、リスクマネジメント理論は、今なお保険学の影響を色濃く残しています。その第一は、すべてのリスクを金銭換算することです。保険であれば、それは当然でしょう。金銭に換算できないような損害を補償しようがないからです。初めは物的な損害が中心でした。その後、人的損害、利益損失などにも対象が広がりました。そして現在では、精神的慰謝、信用失墜、賠償責任なども対象となるようになりました。生命が失われても取り返しようがありません。しかし、金銭に換算することができるようになり、保険の対象となったのです。

今までは、大企業や国家の損失などは規模が大きすぎ、それを引き受けてくれる保険会社があまりありませんでした。地震保険が普及したのは最近のことです。それでも、一〇〇パーセントは保証されません。このように保険会社にとって規模の大きすぎるものは、保険ではカバーできませんでしたので、自主防衛せざるを得なかったわけです。これもリスクマネジメントが活用されるようになった理由のひとつです。

本書の中で、私がリスクマネジメントの対象として取り扱う、人の名誉、信用、精神的な苦しみ、悲しみなどは、従来、保険はもちろんのこと、リスクマネジメントでも対象とはみなされてきませんでした。やはりそれも、リスクマネジメントが保険理論から始まったことと無関係ではないと思います。最近では、これらの中にも保険の対象になったものもあります。しかし、すべてを金銭で処理しようという現代の風潮には、引っかかるところもあります。

※1　二〇〇〇年に再選されて以来、ブッシュ大統領の支持率は低迷し、四〇パーセント台にまで下がってしまいました。にもかかわらず、二〇〇一年九月一一日の同時多発テロをきっかけに同大統領の支持率は、九〇パーセント台にまで急上昇しました。そして、米国人は「ショー　ザ　フラッグ」のスローガンの下、国旗を至るところに掲げ、国民は一致結束しました。外敵と戦うにはこれしかない。これが米国人の信念であり伝統です。
※2　武井勲『リスク・マネジメントと危機管理』中央経済社、一九九八年

第3章 リスクについて考える

1 リスクは自由の代償

何事につけリスクを避けたがる人たち

リスクと聞くと反射的に避けようとすぐ考える人がいます。何事につけ安全第一で、危なそうなことは一切しない人たちです。というより、これが最近の平均的な日本人の特徴かもしれません。日本には昔から「君子危うきに近寄らず」とか「石橋を叩いて渡る」など慎重さを重視することわざがたくさんあります。この伝統の上にさらに戦後日本社会は、平和至上主義となり、国内的にも安全第一の社会になりました。敗戦の厳しい惨状から、戦争を絶対的に忌避し、軍隊を解散させ、自衛権まで放棄したといわれるほど、平和と安全が強調されるようになりました。それ自身はすばらしいことです。ここで政治的なこと、国際的なことの議論をするつもりはありません。しかし、この安全第一の中、新たな無気力と不自由が生まれました。

犯罪問題だけを考えてみても、このことはよく分かります。戦後一貫して日本の犯罪は減少の一途をたどりました。すべての先進国が犯罪増加に苦しんでいる時、日本は犯罪を減らし続けてきたのです。とりわけ、凶悪犯とか粗暴犯といわれる暴力的な犯罪が顕著に減少しました。喧嘩両成敗的な発想が強くなり、正当防衛をどんなに主張しても実務上はほとんど認められませんでした。自分が正しいと思っても、相手を傷つければ傷害罪に問われます。学校での体罰も一切許されなくなりました。ともかく暴力は絶対的否定です。警察だけではありません。社会全体がそのような風潮になったのです。このような多方面における社会全体の努力により、日本は世界でも有数の安全な国といわれるようになり、「夜道を女性が一人歩きできる国」と称賛されるほど安全な国になりました。

高い安全の代償

これは治安だけではありません。すべての分野で安全が最優先され、事故の撲滅に向かって社会全般にわたる努力が重ねられ、安全な社会が実現しました。その結果として、日本人全体が安全であることを当然視し、ある意味で治安に無関心で無防備になってしまいました。外出時に鍵をかけることもしなくなり、自動販売機が路上の至るところに設置されているのが、当たり前になりました。外国人の目には、これほどの無用心は信じられないようです。そのような姿を見て外国人は、「日本人は、水と空気と安全はタダだと思っている」と批評しました。これは褒められているわけではないのです。そんなことで良いのかという批判でもあったのです。にもかかわらず、日本人はこれを称賛の言葉としか受けとめなくなっていました。

そのような絶対的安全を求める中で弊害も出てきました。日本のことをよく知る米国人の中には、「犯罪を犯す自由のない国日本」とまで酷評する人がいるほど、自由のない国になってしまったことです。安全の代償としては高くつきすぎます。リスクはあって当然なのです。その結果、無気力で無責任で、何事につけ政府や会社に頼る人間集団になってしまいました。これでは新しいことなど何もできません。変化への対応もできません。自分のリスクは自分で負い、他人からの不必要な干渉は認めない。早くそのような社会を確立しなければ、新しい時代は築けないのです。

リスクゼロなどありえない

その結果でしょうか、最近、事故が起こる都度、マスコミ・識者は、危機管理・リスクマネジメントはどうなっているのかと、ヒステリックなほどの批判を展開します。まさにリスクのほとんどない社会になったため、市民がリスクへの対応の仕方を忘れてしまったのです。そして、リスクの本質を理解できなくなってしまったのです。リスクゼロという絶対安全を求めるようになってしまいました。リスクのすべてが悪ではありません。リスクにも質的量的な差があり、すべてのリスクを同等に扱う必要はありません。そこが正しく認識できなくなっているのです。

食うや食わずの時代には食品品質の問題をそれほど大騒ぎしませんでした。そんなことを考えるゆとりもなかったのです。ビーフを主食とする国ではBSE問題をそれほど大騒ぎしませんでした。ところが現代の日本は、ビーフ（とりわけアメリカンビーフ）がなくてもほかにいくらでも代替物があるからこそ、あそこまで大騒ぎをするのです。

一方では飽食の時代であり、それでいて真実を専門家がきちんと説明してくれない。政府や業者を信用することができない。だからこそ、本当にリスクがあるのかどうか分からないような、低確率のリスクについてまで不安が生じ、大騒ぎになるのです。リスクマネジメントで大事なことは、リスクマネジメント担当者自身への信頼性を高めることがいかに重要かということを痛感する次第です。担当者が信頼されていない限り何をやってもうまく機能しません。

それと同時に消費者サイドにも問題があります。あるとき、高野豆腐に賞味期限があると知りました。さらに、その期限が過ぎたといって廃棄処分していると聞いてあ然としました。高野豆腐は凍み豆腐ともいわれ、日本各地に古来から伝わる保存食です。長期保存が利くことが特徴でした。消費期限なら分かりますが、賞味期限といわれ二、三か月で捨ててしまうと聞いたら、ご先祖様たちは何と言って嘆くでしょう。やはりどこかおかしいなと感じた次第です。

世界一平和で美しい国として知られるスイス。しかし、この国は同時に食事のまずい国で、世界一住みにくい国とも言われます。それは平和を守るために国を挙げての努力があるからです。国外からの侵略に備え、すべての国民は兵隊としての訓練を受けねばなりません。そして、家庭には大量の食糧備蓄が義務づけられています。そこでは、パンでもチーズでも新しいものなど食べることは許されません。良いものは輸出して外貨を稼ぐために使われ、古くなったものを順番に食べるのが当たり前なのです。国を守るため、味を犠牲にすることは当然と考えられています。それが生活習慣になっているのです。

コラム **世界一平和で美しい国スイス**

戦後日本人にとって、憧れの国ナンバーワンといえば、文句なしにスイスが挙げられました。世界一平和で美しい国スイス。戦争で悲惨な体験をした日本人にとってごく自然な発想だったかもしれません。この国を訪れてみれば、さらに感嘆せざるを得ません。アルプスの美しい山並み。あらゆる花が一斉に咲き乱れる花畑。アルプスの少女ハイジこそ、日本人の描くスイスのイメージです。街を歩いてみても同じです。ごみひとつ落ちていません。壁の落書きなど見たことありません。

ずっと昔、私も初めてスイスを訪れた時、同じ印象を持ちました。首都ベルンの町並みを見て、ヨーロッパのいかなる国の首都より、こじんまりとしていて清潔そのもの。住宅地ではどの家も壁は茶褐色のレンガ。窓には真っ白なカーテンがかかり、ベランダにはゼラニュウムが咲き誇っていました。緑の葉に真紅の花。あの緋色の鮮やかさは、「無限の愛」「安心な生活」という花言葉そのものです。称賛の言葉を繰り返す私に、大使館員がそっと教えてくれました。「これだけの美しさを維持するのには並々ならぬ努力があるのです。建物の規制はもちろん、カーテンから、ベランダの花まで条例で決められているのですよ。住民は花を枯らさないよう、日々大変な苦労を強いられているのです」。だれかが、自分の趣味だといって黄色や白の花を置いたら、たちまち町並みは崩れてしまいます。この規制には罰則が付いているそうです。

スイスの国のすばらしさは、すべてこの厳しい規制の上に成り立っているのです。平和、清潔で美しい国を守ろうとしたら、すべての国民の確固たる決意が、総意として確立していなければ維持できません。異端者を許したらこの国は守れません。

平和の維持に関しては、もっと徹底した厳しいルールを持っています。手元にスイス政府が発行した「民間防衛」(邦訳は原書房刊)に関する三〇〇ページ超の分厚いマニュアルがありますが、ここには、「自由と独立はわれわれの財産の中で最も尊いものである。自由と独立は、与えられるものではない。自由と独立は、絶えず守らねばならない権利であり、言葉や抗議だけでは決して守り得ないものである。手に武器を持って要求して初めて得られるものである」と明記し、さらに「スイスは侵略を行うという夢想を決して持ってはいない。しかし、生き抜くことを望んでいる。スイスはどの国の権利も尊重する。しかし、隣国によって踏みにじられることは断じて欲しない」として、「あらゆる事態の発生に対して準備せざるを得ない」と言い切っている。そして、「共同体全体の自由があって初めて各個人の自由がある。われわれが守るべきはこのことである」「わが国では決して戦争はないと断言するのは軽率であり、結果的に大変な災害をもたらしかねないことになってしまう」と強調しています。

このマニュアルはスイス国内の全家庭に配布されています。スイスは国民皆兵の国として知られていますが、このためのマニュアルとして軍人操典があり、ここには国土防衛のための平素の訓練や有事の任務について具体的に示されています。この民間防衛は、それと並ぶ重要なマニュアルで、全国民必携必読の書とされています。この中にはさらに、万一外国に占領されたとき、「無分別な怒りの行動を理性によって抑制しよう！　行動を起こすには時機を待て！　われわれの勇気を無駄に使うな、浪費するな！」などと具体的指針を示しています。

そして、有事に備え、各家庭は最低限次のとおりの非常用食糧の備蓄を義務づけています。米二キロ、麺類二キロ、砂糖二キロ、食用脂肪一キロ、食用油一リットル、スープ、ミルク、果物、肉、魚の缶詰。しかし、緊急事態には決して買いあさりをしないように警告しています。さもないと貧富の差による不平等が生ずるからです。

このような厳しいルールに裏付けられた秩序があるからこそ、スイスの自由と平和、そして平穏な生活と美しい環境が維持されているのです。そこは、努力するものにとっての自由であり、無責任な者、働かない者、わがまま者の放縦は許されていないのです。

2　リスクは自分で取る

リスクの軽重が測れない

日本の現実は、このように絶対安全を求め、低度のリスクにも怯えているのです。それでいて肝心なリスクについては、おろそかにするのです。リスクの軽重が量れないのです。何が重要なリスクで、社会の介入を必要とするか。何は個人の責任で処理させるべきか。その識別ができなくなっているのです。そんな市民に向けて不安をかきたて、危機ばかり煽る、マスコミの責任も大きいと思います。

すでに述べてきたように、どんなことにもリスクはあります。パン屋にパンを買いに行くのだって、リスクがないわけではありません。何かしようとしたら、必ずリスクは付きまといます。現代のような変化の激しい世の中では、何もしないことの方が、ずっと大きなリスクとなることすらあるのです。

地震が起こった時、家の中にじっとしていたらどうなりますか。倒壊した家の下敷きになり、圧死するかもしれません。速やかに家から出て安全な場所に避難します。もちろん何も考えず、いきなり飛び出すのは危険です。いったんはテーブルの下などにもぐり、落下物を避けることが必要でしょうが、いつまでもそのままいるより、もっと安全な場所に避難しなければなりません。火事のときでも同じです。びっくりして腰が抜けてしまい、何もできず焼け死んでしまったなんて話は、いくらもあります。

かといって、どっちみちリスクがあるのなら、思い切ってやってみるかとばかりに、前後の見境なしに行動することは、もっと恐ろしいことです。やはり行動の利益と危険を合理的に比較考察し、その利害得失を十分考えた上で、行動に移らねばなりません。

政府がすべきことは、最小限の助言、注意喚起と援助、環境の整備です。注意喚起にもかかわらず本人が望むなら、本人の自由にさせてやればよいのです。まさに自己責任（at your own risk）すなわち自分のことは自分で責任を持つということなのです。もうひとつの基準は、他人への迷惑は許さないということです。

コラム

At your own risk

米国や英国の観光地へ行くと、危険な場所によくEnter at your own riskの看板を見かけます。グランドキャニオンの一〇〇〇メートルの断崖絶壁ですらそうです。しかも、注意していないと見落としかねないほど控えめな看板です。日本なら立ち入り禁止の看板をでかでかと掲げて当然なようなところですら、この程度の看板しか出しません。入るなとは言わないのです。「入りたかったら入ってもよいけど、自分の責任ですよ」という警告だけです。日本では所構わず立ち入り禁止の看板を出すのと大違いです。景観破壊などお構いなし。おせっかい。まさに親切も度を越し、責任回避としか思えないときもあります。

確かに危険ではあろうけど自分で責任を持つから、もう少し奥まで入らせてほしいと思うことがありますが、米国ではそれができるけど、日本では許されません。日本では、危なそうなところには幅広めに立ち入り禁止の看板を出すのが普通であり、それでは不十分なので柵まで設けます。それだけしても、事故が起これば、マスコミは、鬼の首を取ったかのごとく厳しく批判しますから、担当者は過剰かなと思っても規制するのです。無責任なほど過保護なのです。

それでは米国では事故は起こらないのかというと、そんなことはありません。事故は頻発しています。それでも、自己責任の国・米国。管理者に対してそんな厳しい批判はしません。それよりも自由を求めます。それは一貫しています。

観光地だけではありません。レストランへ行くと、Customers leave their coats here at their own risk.（お客様の責任においてここにコートを置いてください）となります。

しかし、ダメとは言いません。「どうぞご自由に置いてください。しかし当店では責任を負いませんよ」ということなのです。訴訟の多い米国では、このような掲示を出しておかないと、すぐ訴えられるからでもあるのでしょう。

インターネットの世界ではこれが常識になりました。インターネットの原則は自己責任（at your own risk）です。米国で生まれ育ったシステムの中には、このようなことが当たり前のように入っています。

しかし、日本の常識では、社会生活を営む以上、すべての人は可能な限り誠実に行動、発言することが義務づけられています。法律的にはこれを信義誠実の原則といいますが、法律を離れても人として当然の義務・道徳と考えられています。お節介なようでも、分かっている人がお互いに注意しあって事故を防ぐ。これが社会秩序の基になっていますから、人はどうしても無防備になります。

そんな安心がありますから、知らない土地へ行ったときでも、地理が分からないと、当然のごとく通りがかりの人に道を尋ね、間違った道を教えでもすれば激怒します。そんなとき米国人なら、人を信ずるから悪いのだというのでしょうか。人を信じて疑わない善良な日本人。やはりすばらしい国です。いつまでもこのすばらしさを維持したいものです。しかし、リスクマネジメントの見地からいえば、やはり無防備で脇が甘いと言われても仕方ないでしょう。

　残念なことに、日本の社会もだんだん人を信じられない社会になりつつあります。狭い閉鎖的な社会だった、古き良き時代は終わりました。他人や社会全体の信頼性が低下しているのが、今日の社会の特徴でもあるのです。そういう社会は、狭い意味で社会全体を維持するコストが、上昇する傾向があります。自分のことは自分で守る。大変なコストです。口約束では危ないので、一つひとつ文書で確認しなければならない。契約社会・訴訟社会の到来。用心深くなればなるほど、非能率になっているのです。

　人を信じて疑わない、すばらしい国日本。パターナリズムの国日本。最近これが度を越し始め、危険なものを一切排除。そのため日本人はすっかり安全ボケしてしまいました。絶対的な安心を求め、危険には一切近づかない。リスクは絶対取らないようになってしまいました。いわんやリスクの度合いを客観的に評価することなどできなくなってしまったのです。それが変化に対応できない国民性を生んでしまったのです。ある程度の危険は、自由と自立のコストとして受容すべきなのです。それなくして健全な社会発展はあり得ないのです。

3　リスクと利益を比較する

リスクとベネフィット

リスクマネジメントでは、リスクに対しそこから生ずる利益のことをベネフィットといいます。ベネフィット（benefit）とは本来経済学の用語です。経済活動をするときは必ず所要経費（コスト）と利益を計算し、利益（ベネフィット）のほうが大きいと考えたとき行動します。リスクマネジメントでも同じことで、リスクが具現化したとき起こる損害と利益を比較考量し、利益のほうが大きいと判断されるときのみ行動に移るのです。だからこそ、リスク（損害）をきちんと計算し、利益と比較できるように数値化することが必要なのです。数値化の方法については改めて説明します。

ここでいうベネフィットとは必ずしも金銭的な利益ばかりではありません。信用や名誉のように数値化するのは容易ではないものもあります。生きがい、人間としての尊厳のようなものもあります。また、個人的な利益とは限りません。家族の利益、会社の利益のようなものもあれば、社会全体の利益のこともあります。それでもリスクとベネフィットは必ず比較考量されているのです。しかし、それは必ずしも厳密な計算が、なされるわけではありません。また、とっさの判断を必要とするときもあります。

溺れる子供を助ける

例えば、川で溺れそうな子供がいるとき、あなたならきっと反射的に川に飛び込むでしょう。とっさの行動、瞬間的な判断です。自分が泳げないことすら忘れてしまうのです。これは人間として当然の行動です。自分が飛び込まない限り子供の命が危ないとなれば、ゆっくり考えたりしません。その結果、子供は助かったけど大人が犠牲になったという話は、毎年発生します。だからこそ、とっさのときにも正しい判断ができるように、普段から倫理観の養成と訓練が必要なのです。リスクマネジメントで重要なのは、リスクをどのように評価するか、その価値観なのです。

このようなことは、文明社会のことだけでなく、動物の世界でもあるそうです。すばらしいことです。自分の命より子供のほうが大事と本能的に判断するというのですから。視野の狭いリスクマネジメント学者なら、ほかに手段はなかったのかとか、自己の能力も考えよと言うでしょう。確かに冷静に考えればそのとおりですが、そんなことより、このようなすばらしい人たちが、たくさんいる社会であることに誇りを持ちましょう。それが犠牲になった人の霊に報いる途なのです。

先日、テレビで見ました。米国イエローストンの草原でコヨーテの家族が草を食んでいました。そこへオオカミの群れが襲ったのです。子供のコヨーテはひとたまりもありません。そのとき、父親のコヨーテは突然オオカミの気を引くように走り回り始めました。オオカミの面前にわざわざ飛び出し、オオカミの気をひきつけてから家族とは逆の方向に駆け出す。逃げるものを追いかける。これは動物の本能です。すべてのオオカミが追跡を始めました。もちろん、俊足のオオカミから逃げ延びることなどできません。その間、母親コヨーテは子供を連れて安全な穴ぐらに逃げ込みました。このような行動は他の動物にも見られることだそうです。動物の本能なのです。まさに一身を犠牲にして家族を救ったのです。

コラム
殺身成仁

二〇〇一年一月二六日、東京JR山手線新大久保駅ホームから線路に転落した酔客を救助しようとして韓国人留学生李秀賢さん（二六歳）が線路に降り、ともに電車にはねられ死亡しました。この勇気ある行為を日韓のマスコミは大きく取り上げ、その義挙をほめたたえました。葬儀には森総理、河野外相、野田警視総監などが列席し、その死を悼み勇気を讃えました。韓国の新聞では、「殺身成仁（わが身を犠牲にして人の道を全うする）」という『論語』を引用して称賛しました。この事件は大きな感動を呼び、日本人の韓国人への偏見は大きく改善され、その後の韓流ブームと呼ばれる、日韓友好ムードにつながっていきました。

また、この事件を契機に、電車ホームに退避溝の設置、駅でのアルコール類の販売自粛などの改善もなされました。とかく「このごろの若い奴は……」と批判される中で、このように良いものは良いと評価する風土がある限り、健全な社会は維持されるのです。

最近、『論語』は日本ではあまり読まれなくなりました。この「殺身成仁」は、『論語』第八巻・衛霊公に出てくる言葉ですが、この言葉に続けて弟子から「それでは仁を成すにはどうしたらよいのですか」と訊かれたとき、孔子は「職人は良い仕事をしようとしたら、必ず道具を研ぎ、使いやすいものにする。どんな優れた技能を有しても、良い道具がない限り、優れた仕事はできないからである。同じように、志を有する者は、良き先輩、良き友を選び、互いに学び励ましあいながら、ともに向上しようとする」と述べています。

そして、二〇〇七年一月には日韓合作の映画「あなたを忘れない」が製作上映されました。全国公開に先立つ試写会には天皇皇后両陛下が李秀賢さんのご両親と共に観賞されました。すばらしいことです。感激しました。

4　利益を守るとは

幅広い損害の態様

このように考えると、リスクとは極めて幅広いものであることが分かります。リスクマネジメントでは、通常、失われた利益を損害と呼び、利益を失う可能性をリスクといいます。仏教用語で利益といえば、自分のためだけでなく、人のためになる良いこと、役に立つことなどを広く利益というと思います。前にも述べましたが、利益は金銭的なものばかりではありません。旧来の企業リスクマネジメントでは、そのようなリスクを何とかして、金銭換算するよう努力をしました。その最大の長所は、質の異なるリスクを比較考量することができることです。そして、経営判断の客観的な情報を提供することです。それでも、金銭に換算することなど不可能に近いものもあります。企業活動でも、個人生活でも失われては困るもののひとつに信用があります。

人間の人間たるゆえんは、個人としての尊厳があるからであり、これが他の動物と最も違うところです。だれだって名誉を傷つけられることはいやなことです。誇りを失いたくもありません。辛い、苦しい、悲しい、寂しい、不愉快、楽しくない、面白くない。このようなこともできることなら避けたいものです。人が死ぬこと。健康を害すること。このような、何とかして避けたい、遅らせたい、害を小さくしたい。これらも個人生活では重要な要素です。遅刻すること。時間をロスすること。これだってリスクです。それらを無理して金銭に換算する必要はないと思います。

個人生活を例に挙げましたが、それは、組織でも本質的には同じはずです。法人といわれるように、企業であろうと、他の組織であっても社会的存在であり、自然人との違いはないはずです。伝統と信用、名誉などは貴重な財産です。組織としての誇りがなければ、メンバーの士気を維持することも組織の結束を図ることもできません。

もちろん、今までも、企業は信用を大事な無形資産として、計上することはできました。しかし、そのウェイトは低いものでした。近年、なぜ企業不祥事が跡を絶たないのか。その理由のひとつは、これらを資産として評価するシステムが、確立していないからだと思います。そのため、評価の容易な目先の利益ばかりを求めるようになったのです。だからこそ、もっと金銭的利益でないものを重視し、そこに社会的存在価値をきちんと確立することが必要なのです。

リスク対リスク——どちらのリスクをとるべきか

安全な社会に住み慣れ、リスクのことなどあまり考えずにきた人も、いざ自分の周りを見回してみると、大量のリスクが至るところに存在することに気がつきます。家に居てもいつ階段から転げ落ちて大けがをするか分かりません。道を歩けばいつ自動車にはねられるか分かりません。電車に乗ってもいつ事故に遭うか分かりません。最近では、通り魔という犯罪被害の危険もあります。これではだれも信じられません。何をしてよいのか分かりません。しかし、何もしないわけにはいきません。いくら危険が多いからといって神経質に考えていたら社会生活など到底できません。

それなら家でじっとしていたら安全か。この世はとてもゼロリスクなど期待できません。それはリスクが少ないほうが良いに決まっています。しかし、世の中が変化している以上、今までと同じことをしていたら、もっと深刻なリスクに遭遇することも避けられません。

人は、何かリスクを見つけると、どうしてもそれに気をとられ、何とかしてそれを減らしたいと考えます。とりわけ、過去に経験したことがないような新しいリスクほど、その傾向は強いといえます。確かに、特定のリスクに限定し、そのリスクを減らすことだけに集中すれば、リスクを減らすことは可能です。しかし、そのリスクが減った分だけ、他のリスクが高まることもあります。それでも、目先のリスクに追われ、他のことを考えることなどできません。時にはかえって大きなリスクを負うことすらあるのです。

震災の直後にはみな地震のことばかり考えます。他のリスクを犠牲にしてまで、このことに集中します。そして、過大な備えをします。しかし、それはいつまでも続きません。過大な備えをしたときほど、その負担が大きく、いつまでもその緊張と負担に堪えられないからです。歳月の経過とともに、そのような事故の不安より、備えの負担のほうが重く感じられ、いつの間にか忘れ去られてしまい、それが次の大事故を呼ぶ引き金になるのです。地球物理学者にして文学者でもある寺田寅彦は、「災害は忘れたころにやってくる」と言いましたが、「災害は忘れるからやってくる」といったほうが適切かもしれません。

「毒をもって毒を制す」ということわざがありますが、この世には確かにリスクがあり、危険な存在ではあるが、他の危険を制するために使用せざるを得ないものも少なくありません。例えば、自動車に乗るとき、シートベルトの着用が義務づけられています。自動車火災が起こった際、シートベルトを着用していたため行動が鈍くなり、緊急脱出ができず焼け死んだというようなケースも報告されています。しかし、それでも着用することで格段の安全が確保されることが分かっているから、あえて着用が強制されているのです。医薬品に副作用があることが分かっていても、使わざるを得ないことがあるのもその例です。

そのほかにも、一方の危険を抑えようとすると別の危険が、その危険を抑えようとするとさらに別の危険が大きくなるという、危険のいたちごっこのような連鎖反応が起こり、際限はありません。だからこそ、どちらのリスクを取るべきか、考えねばならないのです。そのためにも、一つひとつのリスクについて客観的なデータが必要なのです。その情報を持つものは情報を独占せず、公開する義務があるのです。

5　リスクと危険

ここで、リスクとは一体何なのか。危険・危機との違いはどこにあるのか。その違いについて整理してみたいと思います。『岩波国語辞典』によれば、危険とは、「あぶないこと。悪い事の起こるおそれがあること」、「予想される悪い事態」、そして、危機とは、「悪い結果・成行きを招くかも知れない、危険で不安な時」と定義しています。これからも分かるとおり、日本語で危険とか危機というのは、起こってはいけない悪いことであり、何とかしてこれを防止しなければいけないという前提があると思います。さらに冒険という言葉を引いてみますと、「危ないことを押し切って行うこと。成功のおぼつかないことをあえて行うこと」と定義しています。いずれも完全に否定的です。

これに対し、リスクという言葉を辞書で引いてみましたが、どの辞書もほとんど定義らしい定義をしていないことが分かりました。そもそもリスクに対応する日本語の適訳がありません。それは日本には昔から、リスクという概念がなかったからです。しかし、それでは困りますので、リスクマネジメントの専門家は、一般的に、リスクを「不確実性に伴う危険」とか「損害の発生する可能性」と定義しています。

リスクとは岩礁の間を航行すること

数年前、ピーター・バーンスタインという米国人が『リスク――神々への反逆』という大作を出版し、日本でも話題になりました。この書物によると、riskという英語は、もともとラテン語のrisicareに由来しており、「岩礁の間を航行する」という意味だそうです。船で航海すると、いつ暗礁に乗り上げ沈没するか分からない、その危険を意味するのです。しかし、いかなる時代でも開拓者や航海者は、危険を乗り越え、新しいことに挑戦し、時代を切り拓いてきました。その意味でリスクは、避けて通れない運命ではなく、選択すなわち自分の意思で選ぶことができるということを意味しているのです。つまり、リスクは「恐れず勇気をもってあえて試みる」という意味を持ち、積極的な行動を意味するのです。したがって、リスクを取るということは、受身の行動ではないのです。

今までの日本社会では、危険と言われたら、何とかして避けなければいけないということになりました。その危険にあえて挑戦する人は、変人であり、ときには反社会的とみられることもありました。それに対し、欧米でリスクという場合、危険を受身に捉えるのではなく、行為者が自ら、危険をきちんと認識しつつ、あえてその危険に挑戦することなのです。換言すれば、他人の責任にせず、自分で問題点をきちんと理解した上、自分で決めなさいという意味なのです。欧米では、リスクにはそのようなニュアンスが含まれています。これは、欧米と日本の文化の違いによるのかもしれません。言葉は、すべて文化の表象です。したがって、翻訳で解決するものではありません。

リスクという言葉が生まれたのは一七世紀

『オックスフォード英語大辞典』（ＯＥＤ）によれば、リスクという単語が初めて英語で使われたのは、一六六一年のことだそうです。一七世紀という時代は、ヨーロッパでは、各国で宗教改革がどんどん進み、また、それぞれの国はこぞって東インド会社を設立し、貿易を求めて東洋へ進出し、巨大な富を築き始めました。さらに、アメリカ新大陸には各国が次々と植民地を建設するなど、富と自由を求めて、ヨーロッパの拡大が始まりました。各国とは、英国、フランス、スペイン、ポルトガル、オランダなどです。イタリアとドイツは、まだ国家としての統一が完成していなかった時代です。リスクというのは、そういう時代背景の中で使われ始めた言葉です。

大航海時代（一六世紀初頭）の航海者たちが、次々と新航路を発見し、新しい時代を切り拓いていきました。その時代、地球は丸いなんてことは普通の人には理解できませんでした。これが理解できない人には、航海者たちの行動はまさに無謀であり、許されないことでした。しかし、科学的知識を持ち、それに基づいての判断は、無謀でも何でもなかったのです。まさに波間に見え隠れするあの暗礁は、知らない人には危険以外の何者でもありません。しかし、分かっている人には、どの海にでもある岩礁にすぎないのです。事前に分かっていれば、岩礁は避けて航行することなど難しくはありません。

英国だけを考えても、一方では、清教徒革命と王政復古による政治的混乱。牧羊のための囲い込み（エンクロージャー）によって土地を失った農民の浮浪者化。そこに追い討ちをかけるようなペスト流行の再燃。これらが重なって国内は混乱。他方、海外発展の途が拡がっていきます。

シェークスピアの『ベニスの商人』が書かれたのもこの時代です。同書の冒頭でリスクは見事に説明されています。そして、あのアントニオの有名なせりふ「さいわい俺は、ただ一艘の船にすべてを投資したのでもなく、ただ一か所だけと取引しているのでもない。また、全財産が今年一年の運不運にかかっているのでもない。だから船荷が気がかりで憂鬱になっているのではない」（白水社・小田島雄志訳）となるのです。まさに外には危険も多いが、自由と夢と飛躍の可能性がある。人々がこのようにしてあえて危険に挑戦したからこそ、近代文明は大きく花開いていったのです。リスクという言葉は、この時代に生まれ、社会的に定着していったのです。

6　新しいリスク文化の確立を

このようなことからお分かりいただけるように、欧米にはリスクを受容し、これを生かす文化があります。それに対し、パターナリズム社会・日本では、リスクといっても危険といっても同じで、所詮は近づきたくないという気持ちがあり、為政者も民を危険から守らねばならないという東洋思想に基づき、護民官的な立場から、不確実なものには近づかない、近づけさせないという文化がありました。このような「おんぶに抱っこ」を、いつまでも続けているわけにはいきません。このような社会の意識を改善することも、リスクマネジメント学の任務です。

そのためにも、リスクという不確実なものを、より科学的、合理的に分析、評価し、そのマイナス要素を最小限なものにする研究をしなければなりません。だからこそ、このようなリスクと危険の違いを正しく認識することが必要なのです。これが本書を通じてのテーマです。組織や社会の中に、リスクをどのように認識し、どのように対応すべきかという、新しいリスク文化の確立が必要なのです。これなしには、変化の時代を乗り切ることはできないのです。

それにつけても残念なのは、最近のマスコミの風潮です。いつの時代でもそうなのですが、文学者や評論家などは、時代の変化に敏感で、大げさに問題を取り上げる癖があります。それ自身はすばらしいことでしょう。吉田兼好（徒然草）、鴨長明（方丈記）、井原西鶴（好色一代男ほか）、近松門左衛門（歌舞伎・浄瑠璃）などは、痛烈な世相批判を展開しました。それらの作家により、普通の人には気が付かなかった社会の変化を知り、時代を超えた普遍の真理を発見できました。

しかし、最近のマスコミは度を超しているように思えてなりません。どうでもよいような枝葉末節のミスを取り上げ、針小棒大に騒ぎ立てる。内容はほとんどワンパターンと各社横並び。問題点とその問題の改善による利害得失をきちんと分かって記事にしているのだろうか。物価が上がるのも窮屈な社会になるのもみなそこに起因しています。記者センスの質的低下、マスコミの不勉強と言わざるをえません。

もしかしたら、それはマスコミが異常なのではなく、情報媒体（メディア）と情報量が多すぎ、市民の情報依存度が大きくなりすぎたのかもしれません。朝から晩まで大量の不安情報が流れ、市民の目には、世の中はそれしかないかのごとく見えてくる。そして、それらの不安情報により、社会生活全体が左右されてしまう。情報社会には情報社会にふさわしい価値観と、情報理解力（リテラシー）が必要になりました。それは、情報を受け入れる市民サイドの問題です。

リスクと不安

今日の社会には、分からないことがたくさんあります。社会がもっと単純で、変化も緩かったころは、分からないことなど、あまりありませんでした。周囲にいる人たちは、みなよく知っている人たちばかりです。よそ者など入ってきません。周りの人と異なることをすることもありません。そんな社会では、自分ひとりだけで不安を感じ苦しむ必要もありませんでした。多くのことは、詳しいことまで理解できなくても、経験によってある程度理解することができました。そして、仕方ないと諦めることを含め、何らかの形でリスクを受容することができました。

しかし、最近の世の中の変化は急すぎます。分からないことだらけです。お店で売っている商品も信用できません。売っている人だって分かっていないのですから。

昔なら、売る人を信用できました。おかしなものを売ったら、その店には二度と行かねばよいのですから、商人だって懸命です。信用こそ財産ですから。今日の社会の特徴は分からないがゆえの不安です。今や不安はそのものに対してだけではないのです。そのものを取り扱っている人の誠実性に対して不安があるのです。本当のことを教えてくれない、何か隠している。そのことに不信感があるのです。環境問題や化学物質に対する不安は本当のことが分からないからであり、専門家が本当のことを説明してくれていないという不信感があり、それが不安の種になっているのです。

客観的にみれば、薬害よりタバコの害のほうがはるかにリスクは大きいのですが、タバコをやめようとしません。それはタバコの効用・利便もありますが、やはり煙害について理解ができているからです。交通事故のおそれがあるのに自動車に乗り続けるのも同じです。だから自分で自分のリスクを取ることができるのです。それに対して、原子力事故や環境問題に市民が神経質なのは、関係者とりわけ業者がきちんと説明してくれないからであり、政策決定や判断に、個々の市民を参加させてくれないからです。自分で何も決められないリスク。市民にとって、これほど嫌なリスクはないのです。

自然界に存在する石綿には不安を感じなかった

近年、アスベスト問題が急速に注目を浴びるようになりました。考えてみればアスベスト被害は、環境・化学・薬物被害としては、水俣病、森永ミルク砒素中毒、PCB、ダイオキシンなどとは比較できないほどの大被害を発生させています。にもかかわらず、最近までそれほど騒がれずにきました。なぜなのでしょうか。第1章でも触れましたが、いろいろな理由が挙げられると思います。安価で性能も良く利便が大きかったなどもあるかもしれません。しかし、やはり、アスベストは、石綿と言われ、近代化以前の昔から自然界に存在する天然資源であり、見た目も特別危険なものでもないだけに、だれも畏怖心を抱かなかったのです。人工的化学加工物は、それが何だか分からないから不安だけど、自然界にあり、何百年も接してきながら、その被害に遭ったなどという話は聞いたことがなかったのですから。危険だと思わなくてもおかしくありません。それがトリカブトやフグの毒との違いです。

私も、小学校のころ、理科で石綿を使って燃焼実験をしたことを覚えています。金網状のフィルターになっており、ガスバーナーで下から熱してもびくともしない魔法のような不思議な物質でした。石綿は、初め「いしわた」と言い、その後、気取って「せきめん」と言うようになったこともよく覚えています。ですから建材の材料として使われるようになっても別に違和感などなかったのです。この石綿金網はごく最近まで学校で使用されていたはずです。それがアスベストと呼ばれるようになったのがいつごろかは知りません。

科学への過信

日本人は「科学的説明」というものを信用しすぎるところがあります。ＢＳＥ問題で米国産食肉の輸入を徹底的に拒みました。理由は安全性が科学的に立証されていないからだというのですが、私には、それは日本人が非科学的だからと思えてなりません。この種の問題で一〇〇パーセント安全などというのは存在しないし、立証しようがありません。統計を過信するのも日本人の悪い癖です。統計は過去の事実を説明するものであり、将来の出来事を完全には説明できません。それに確率論にすぎません。それなのに一〇〇パーセント安全にこだわるのは、それだけ非科学的だからです。

科学的だと言われればその言葉を盲信し、大学教授というだけで信用され尊敬を集める。また、偉い人や権威のありそうな人が言うとすぐ信じて疑わない。そのほうがはるかに非科学的なのです。現代社会は、政治家や役人の権威は著しく失墜し、今や権威者とは見なされません。久米宏やみのもんたのようなテレビのコメンテーターのほうがはるかに権威があります。活字とかマスメディアそのものが権威なのでしょうね。いずれ、これも否定される時代が来ると思います。そこで初めて自由な発想ができる社会が生まれるでしょう。その日が一日でも早からんことを願っています。

第二部　リスクマネジメントの方法

第一部では、リスクとリスクマネジメントに関する、基礎的な考え方について、考察してきました。そのような考え方に立ち、ここからは、リスクマネジメントの進め方についての検討を行います。

今や、リスクマネジメントは、多くの大学で講座が持たれるなど、独自の学問領域として認知されるようになりました。多くの学会も設立されています。しかし、この学問の特徴は、既存の学問分野には属さず、しかも、理化学、工学、医学、経営学、心理学、社会学、政治学、法律学など多くの学問領域にまたがる、文字どおり学際的な学問です。それでも、保険学、金融工学、安全工学、環境化学などは、リスクマネジメントの世界では先駆的な分野であり、多くの研究成果も発表され、他の分野の人に大きな刺激を与えています。

リスクマネジメントの特徴のひとつは、徹底した実学、すなわち理論的な学問というよりは、実務上の学問であることです。学問としての発達が実務家主導であり、実務上のニーズがこれをさらに促してきたことが、この傾向をさらに強めました。その結果か、リスクマネジメントの手法は、産業界では業界によりその手法を著しく異にしています。学者により、提唱される手法もかなりの差異があります。それは、医療の世界と原子力産業、製造業、金融業などとでは、取扱い商品も顧客も異なるからであり、その発想や手法に違いがあるのは当然です。

ところが、近年、企業不祥事が多発していることから、これを防止し、企業の健全経営を図る目的で、コーポレートガバナンスとか内部統制、企業の社会的責任（ＣＳＲ）、コンプライアンスといわれるような、企業統治や経営の手法が提唱されるようになりました。さらに、各国政府や証券取引所などの公的機関によって、これらがルール化され、また、ISOなどの国際規格化などの動きも盛んになりました。そして、それらを実現するための手段として、リスクマネジメント手法が脚光を浴び、それぞれが、これを取り入れるようになりました。

このような流れの中で、今やリスクマネジメントは、経営に不可欠な手法となり、それとともにリスクマネジメントは、その形を大きく変えるようになりました。このように経営のあり方が変わった背景には、市民主役社会が到来したことと、無関係ではありません。むしろ、それが最大の理由であるといったほうが、よいかもしれません。IT化の進展にも押され、社会の最前面に出てきた市民の目から見て、続発する企業不祥事は許されないことです。

そのような社会の変化もあったためですが、最近、リスクマネジメントの中でも、リスクコミュニケーションの重要性が、一段と高まってきました。リスクコミュニケーションとは、一言でいうと、リスクに関する情報は、ひとりで隠したりせず、可能な限り関係者に公開し、その対策についても、それらの関係者の意見を、取り入れていかねばならないということです。これは、今後さらに大きく発展していくものと考えられます。

このような社会や経済の変化を前提に、これから、リスクマネジメントの進め方について説明していきます。

第4章　基本方針の確立

第2章ですでに、リスクマネジメントの進め方、手順について基本的な考え方を概説しました。そこでは、リスクマネジメント全体の理解をしやすくすることを念頭に、なるべく普通の人が普通の生活や仕事をする際に、配慮すべきことは何かについての説明を心がけました。この章で再度、リスクマネジメントについての説明を試みますが、ここからは論点を一歩前に進め、企業や団体などの組織を前提にした、リスクマネジメント論にも拡大しながら話を進めていきます。

リスクマネジメントとは、「いざというとき、どう対応すべきか」ということだとすると、個人であろうと大組織であろうと、その本質は変わりありません。政府機関であっても同様です。リスクマネジメントの本の中に、政府機関なら公共性を重視すべきだが、個人や民間企業なら公共性はそれほど重要ではないと書いたものもありますが、その考え方は間違いです。

個人であろうと大組織であろうと、この世に存在する以上、すべて、価値ある社会的存在でなければならず、また、他の社会的存在に対しても、その存在と尊厳に常に配慮しなければなりません。それが人の人たるゆえんです。それは自然人であろうと法人であろうと変わりはありません。だからこそ、人に迷惑をかけるなどは、許されるわけがないのです。そこにリスクマネジメントの目的があるのです。

1　社会の期待に応える

自由と平等を重視する社会

自由と平等が等しく重視されるこの社会において、それぞれが自由であるためには、他人に依存しないで生きていくことが必要です。自分のことは、自分で判断し、自分で決める。正当な理由もなしに他人の指図や援助を受けない。この自立の精神こそ自由の前提なのです。他人に依存することを英語で dependent といいます。それに対し、他人に依存しないことを independent といいます。independent といったら通常は、「独立の」という意味であることは皆さんよくご存じのとおりですが、本来は、他人に頼らない、人の世話にならない、他人に影響されないという意味です。この言葉は、米国人が最も好きな言葉のひとつです。このインデペンデントの精神こそアメリカ魂の中核です。皆さんも、米国独立当時の指導者ベンジャミン・フランクリンの言葉「天は自ら助くるものを助く」をご存じだと思います。このように他人に頼らないで生きていくためには、米国人は、自分の気ままを抑さえ、自分で立てた規範に従い、自分のことは自分でやっていく。この自律の信念なしでは、米国社会では生きていけません。

米国社会における自由と平等は、この基盤の上に成り立っているのです。予期しないような困難な事態が発生したといって、その都度、政府や他人に頼るようでは、独立した人間とは到底いえないのです。だからこそリスクマネジメントは、すべての個人がそれぞれ身につけておかねばならない処世術なのです。

二一世紀社会では、このようにして、それぞれが自立かつ自律した存在でなければならず、また他人の自由をも尊重しなければなりません。その第一は、決して他人に迷惑をかけないことです。他人の犠牲の上に成り立つ自己の繁栄など認められません。だからこそ、そのような失敗をしないようにするのがリスクマネジメントの任務なのです。

米国社会を形成するもうひとつの伝統は、危機に臨んで指導者の下に結束する。平素は、自由を絶対的に重視しながら、有事にはあたかも独裁国家のように指導者が力を発揮し、市民はそれを絶対的に支持する。それにより過去に幾多の国難を切り抜けてきました。これが危機管理に絶対原則といってもよいほど米国市民は様変わりします。これも米国を理解するのに忘れてはならないことです。

いろいろあるリスクマネジメントプロセス

以上のような説明からもお分かりのように、リスクマネジメントの進め方（プロセス）については、人によって様々であり、唯一絶対の正しい答えなどありません。組織であっても同様で、それぞれの組織や担当者が、自らに最適と思う方法を選択すればよいのです。しかし、どちらかというと、四二ページの**図表2**に掲げたような方法が、オーソドックスであり、基本的です。それでも、最近、学者やコンサルタント会社が、いろいろな手法を提唱しています。それぞれ示唆に富むものも多いだけに、それらを加味して自己に最適な方法を考案してください。以下に、その考え方を示しますので参考にしてください。

リスクマネジメント方針の確立

いろいろな手法があるとはいえ、リスクマネジメントを行う際、不可欠なことは、方針をきちんと確立することです。これは個人生活でいえば、人生観に相当するものです。人生観など持ったところでしょうがない、そんなものは処世の邪魔になるだけ、百害あって一利なしと言う人もいるかもしれません。そうではありません。きちんとした人生観を持っているか否かで、いざというとき明確な差がでます。

人生観とはなにも、座右の銘は何であるとか、尊敬する人物はだれかというような、就職試験用の模範解答を用意することではありません。多くの人の場合、意識はしていなくても、それなりの人生観が形成されております。親のしつけもあるでしょう。学校で学んだ教育の成果もあります。日本の社会は、ホモジニアス、すなわち、民族、宗教、言語、生活習慣、道徳律などが共通する社会ですから、価値観にほとんど違いがありません。したがって、社会常識に立脚した健全な価値観を有している限り、大きな問題は生じません。

しかし、「日本の常識・世界の非常識」といわれるように、日本の慣習や行動様式の中には、世界では通用しないもの、あるいは誤解を生じやすいものも出てきました。談合などはその典型です。それだけに、過去の慣習にばかり固執せず、社会の変化にもっと敏感で、今日の社会では何が求められているかを、正しく認識することも必要です。

個人でもそうですが、組織には、その組織に求められる社会的要求が存在します。法令の順守。これは最低限の社会的要求であり、だれもこれを無視することは許されません。コンプライアンスという言葉が、よく使われるようになりました。単に法律の字面だけを守っていればよいのではなく、法律の求める精神、真の目的をきちんと理解し、その期待に応えなければなりません。

法律家の中によく、法律が明確に禁止していない限り、原則自由であるという人がいますが、それは違うでしょう。法律というものは、そんなに詳細まで規定しているわけではありません。最近の契約書のように、微に入り細に入る規定をするなどということはありません。法律の条文には骨子のみ記載され、行間はそれぞれの解釈によって補わなければなりません。その際は、立法の精神に沿って社会にとって何が望ましいかという見地から、解釈しなければならないはずです。それが本来のコンプライアンスの精神です。

このような考え方は、今日の法律家の世界では通用しないというかもしれませんが、そのような法律家の認識が社会をゆがめ、争いを増やしているのです。こんな不自然な状態は、いつまでも続くとは思えません。

法律とともに重要な社会的良識

日本に限らず東洋の社会は、伝統的に法三章といわれるように、法律は可能な限り簡潔なものとし、後は道徳、倫理、社会常識などといわれる良識によって補うことが求められてきました。それらは社会的期待として存在してきました。文書になっているとは限りません。時代の進展とともに少しずつ変化していきます。さらに市民感情もあります。これをどう扱うべきか、議論のあるところかもしれませんが、社会から愛され、尊敬される存在であろうとしたら、市民感覚を軽くみないほうが賢明でしょう。

図表3　コンプライアンスを取り巻く環境

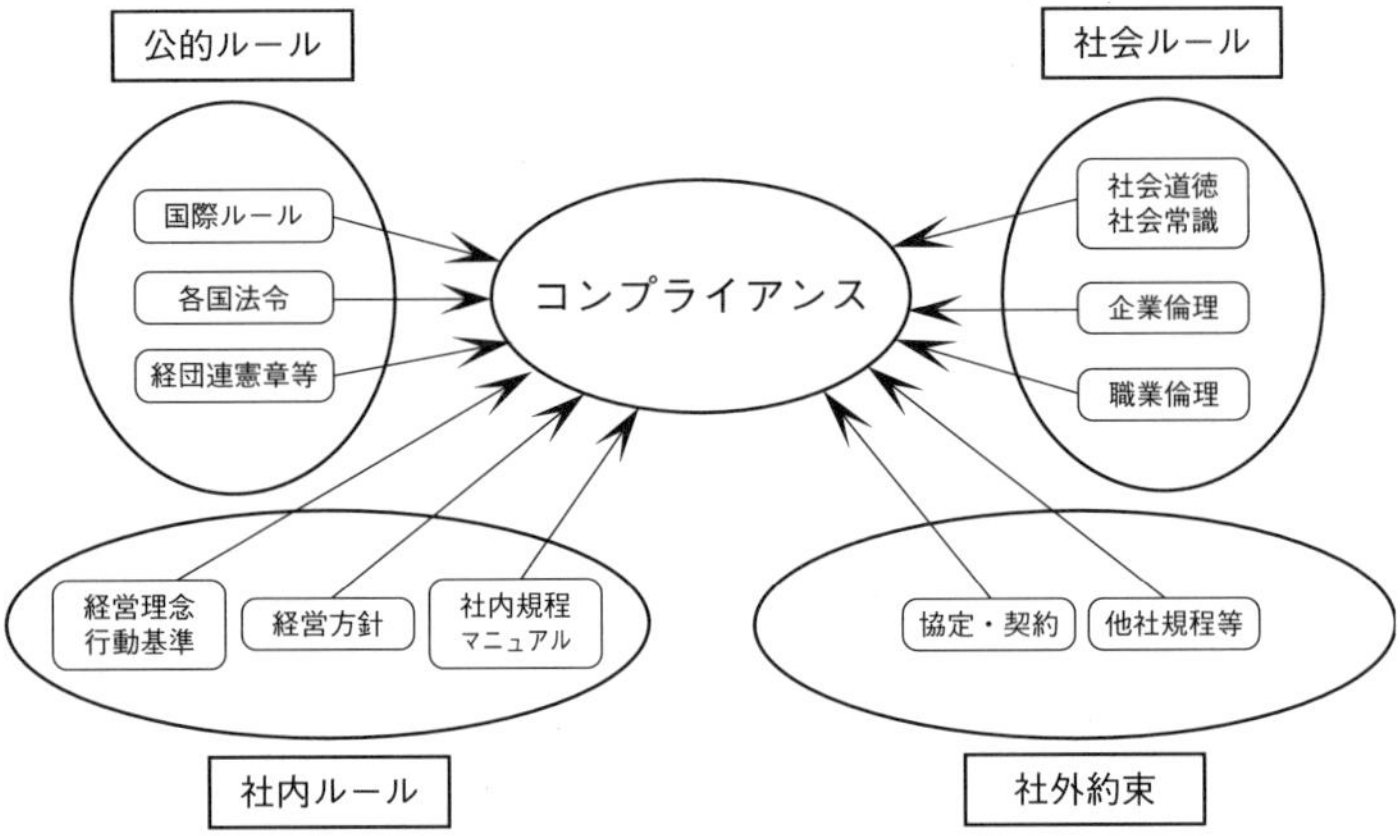

図表3は、コンプライアンスを取り巻く環境についてまとめたものです。ここからも分かるようにコンプライアンスといったとき、単に法律を遵守すればよいのではなく、その組織が活動する場における、社会道徳や地域の文化・慣習を理解し、尊重することが求められます。例えば、グローバルな事業展開をしようとしたら、それぞれの国の法令のような公的ルールはもちろんのこと、その社会における文化、伝統、慣習などにも配慮しなければなりません。

しかし、気をつけなければならないことですが、発展途上国などで経済取引を行おうとすると、よく相手から賄賂を要求されることがあります。その国では、賄賂はごく当たり前の社会習慣であり、経済活動でも当然の商慣習とみなされていることもあります。児童労働などもごく当たり前のように行われていることもあります。考えてみれば欧米先進国でも一九世紀までは、それは必ずしも異常なことではありませんでした。しかし、二一世紀の今日、先進国では、それは許されないこととなりました。

先進国で許されないことは途上国でも許されない

だとすると、先進国では許されないことなら、発展途上国へ行ってもしないという倫理観を持ち続けねばなりません。それが先進国企業としての誇りなのです。その国の人たちにとっては、プラスになることなのだから良いはずだというような、ダブルスタンダードは許されないのです。いわんや、安い労働力として使用するなどという発想は絶対許されないことです。それは、社会常識、企業倫理として求められるのです。

また、このようにして、社会に誇りある存在として、設定し公表してある社内ルールや他社との約束事もきちんと守り抜く。以上のような社会からの要求、期待に応え、社会において名誉ある存在であり続けるため、それぞれの組織には、それぞれ組織固有の存在目的、組織理念、活動方針があります。

さらに、企業として、このような方針を社内的に定めるだけでなく、それを社会に向けてきちんと公表することが求められています。そして、これを単に理想として掲げるだけでなく、きちんと守り抜く。そして、社会から適正な評価をいただく。それは、自分の定めたものを守ればよいだけではありません。他社も同じような規程を定めているとしたら、それを守るための協力を惜しまない。これら全部を守りとおし、名誉と誇りある存在であり続けることが、コンプライアンスの本質なのです。法律は、それらの中では最低限度の規範にすぎません。

業界ごとに異なる社会的期待と責任

倫理観というものは、究極的には個人であろうと企業であろうと、またいかなる業界であろうと、本質的には変わりありません。名誉ある存在として、社会の期待に応えることです。しかし、現実には「所変われば品変わる」のたとえどおり、地域により業界により、言語、風土、習慣は異なってきます。扱う商品や伝統が違えば、差異が出てくることは当然です。市民の期待も異なります。

例えば、医療施設の場合、地域社会の住民の健康の増進を目的とするもの、先端医療の技能向上を目的とするものなど、それぞれ独自の目的・目標があるはずです。それは、従業員に対しても地域社会に対しても説明され、理解と協力を得ています。しかし、そのような明確な指針があっても、大災害が発生し、大量の被災者が出ているような場合、医療従事者としてそれなりの責任を果たさねばなりません。当院は美容整形専門の自由診療であり、それ以外は受け付けませんとは言えないはずです。もちろん能力のないもの、資格のないものを要求することはできません。それぞれの職業に伴う社会的責任があるのです。したがって、平素から関係者に確認し、その自覚と用意をしておかねばならないのです。

最近よく問題になるのに製造会社があります。物を作って売っている会社では、自社製品が正しく使用されているかどうか、常に見守り、不適切な使用が行われないようにしなければなりません。自社製品の使用を巡って死亡事故が起こっていながら、使用の仕方が悪いのであり、製造したものの責任ではありませんなどと、責任を回避しようとすることはできません。危険なものであることが明らかなのに、簡単に改造できるようなものを作って売り、後は知りませんでは通用しない議論なのです。

同じように、大学には大学の、福祉団体には福祉団体の、企業には企業の倫理と責任があります。しかし、業種業態が異なっても、いずれにも共通のものも少なくありません。それは、

図表4　リスクマネジメントのサイクル

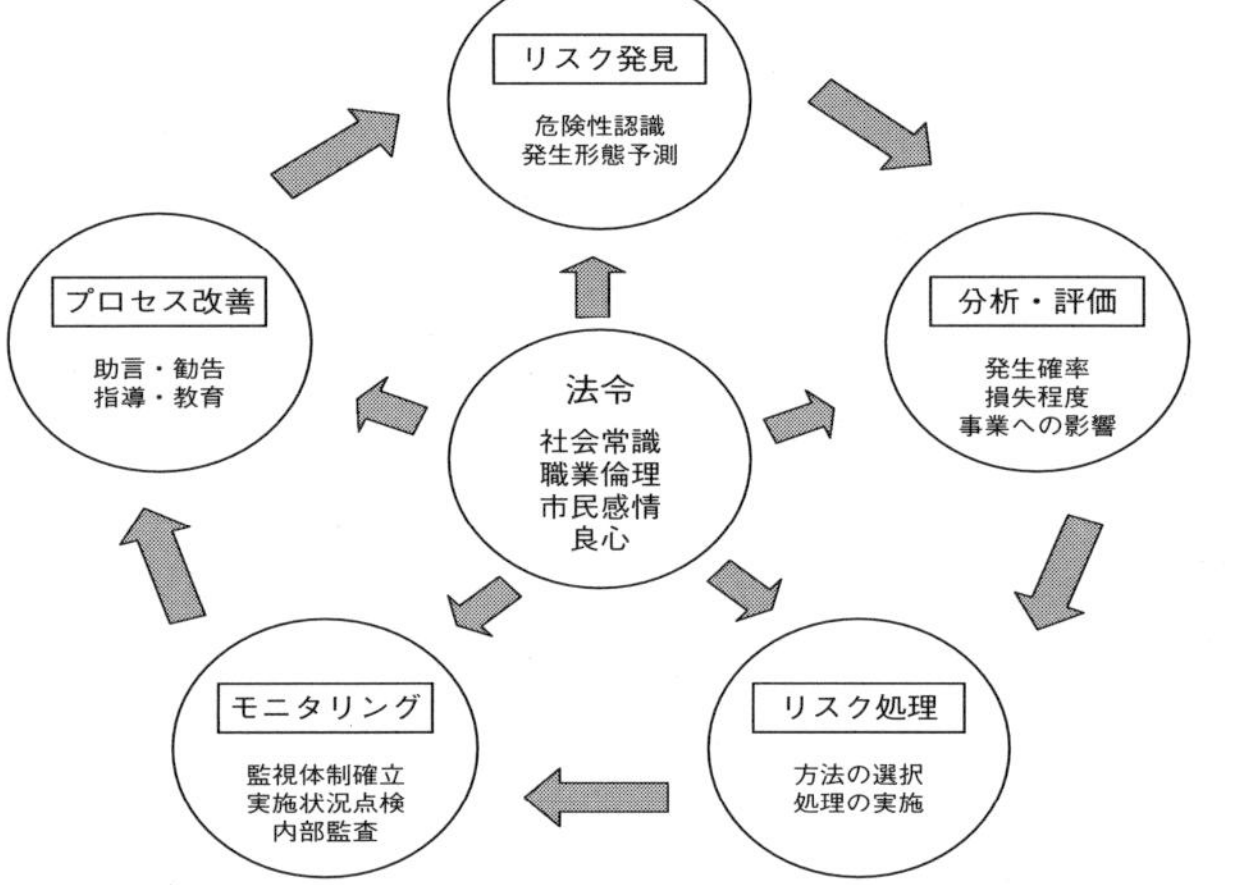

社会的存在として社会からの期待に応えるという責任があることです。医者を名乗っていながら患者を選り好みする。後は知らないなんてことは許されない議論なのです。

図表4の中央の円内に書かれた、法令、社会常識、職業倫理、市民感情、良心と書かれたものは、組織に対する社会的期待と責任のうち、典型的なものを例示したものです。この図表は第7章で改めて説明しますので、ここでは詳細には入りません。かいつまんでいえば、リスクマネジメントでは、中央の円内にある各項目が最重要であるということです。これらとの共存を図ることが不可欠であり、それなしにはリスクマネジメントはできないし、いかなることを行うときにも、常にここに戻って考えてほしいということを意味しています。これらは、すべて組織がリスクマネ

ジメントを推進する際の基本理念、価値基準であり、すべてのリスクマネジメント活動に適用されることはもちろんのこと、すべての組織活動を推進する際の行動の指針です。これらの上位概念を踏まえた上、それを具体的に実施するための、リスクマネジメント指針を、立案することが必要なのです。

2　リスクのものさしを作る

このような組織に対する社会的期待と責任を踏まえて、それぞれの組織は、リスクマネジメントを行うに当たり、必要な基本原則を確立しておかねばなりません。伝統ある組織なら、それぞれ組織として固有の実績があり、その中から、家訓、社是、社訓などが生まれ、長い時間をかけて磨き上げられていきます。その場合でも、家訓等は極めて簡潔であり、具体的リスクに対しては、それだけでは適切な指針を与えてくれません。人により解釈に微妙な差異が生じます。

したがって、どのような組織でも、リスクマネジメント推進のための規程を設け、リスクをどう評価し、処理するかの指針を示さねばなりません。それは危機の際、現場での混乱を避けるためにも必要です。リスクに対する考え方、行動の基準を定め、関係者間で価値観を共有しておくことが必要なのです。

価値観の共有化を図る

そのためには、組織にとって好ましくないことは何か、組織の利益とは何か、何を守るべきなのか、どの程度になったら事業に支障を来すのかを考えざるを得ません。組織にとって何がリスクか。なぜリスクなのか。それは、それぞれの組織にとって、守るべき利益は何なのかによって決まります。リスク基準の作成とは、そのものさし作りをすることです。

この基準を作成するに当たっては、最初に、組織に対して悪影響を及ぼすおそれのある事態とは、どういう事態かを考えねばなりません。次に、その事態はいかなる原因から起こるかを考えます。換言すれば、損害をもたらす事態と、その事態を引き起こす原因や可能性の発見に努めることです。阪神・淡路大震災の直後、各団体、企業はこぞってリスクマネジメント規程を作りました。その規程を見て分かったことは、日本企業にとって最終的に守らねばならないことは、会社の名誉・信用であり、従業員と家族を守ることでした。これは、地震という特殊事情によるものとは必ずしもいえません。

リスク基準が不明確だと

こんなことは、常識で判断すればすぐ分かると思うかもしれませんが、そうはいきません。いざとなると信用が大事なのか、家族の生活が大事なのかは難しい判断です。古今東西を問わず、いつの時代でも、金と名誉はどちらが重要か、議論されてきました。人類にとって永遠のテーマかもしれません。人生観のしっかりした人、強い信念の持ち主なら、それなりに答えは出るでしょう。でも、悩み多き私たち凡人にとって、簡単に答えの出ることではありません。老舗や旧家の家訓を見ても分かります。分かりきったことでも、いざとなると守りきれない。だから、家訓として文書化して子孫に残したのです。

組織にとっても同じです。組織の目先の利益と、コンプライアンスはどちらが大事か。それに単純に答えが出るのなら企業不祥事など起こりません。九九パーセント以上の人が理解していても、たったひとりの異端者が出れば信用は崩壊するのです。だからこそ、冷静な判断ができる平常なときに文書化し、組織の方針として確立させ、すべての構成員に周知徹底を図っておく。さらに、外部に向けても宣言しておかねばならないのです。

そして、もし不幸にしてその規則を守りきれず、社会や組織に迷惑をかける人が出てきた場合、違反者に対して毅然と対応することが必要です。平素、高邁なことを言っていながら、違反者に対してあいまいな処理をする。それは、社会に対してうそをついていたことになり、まさに裏切り行為となるのです。ときに「泣いて馬謖《ばしょく》を斬る」※3ことも必要なのです。

換言すれば、どんな組織にも、その組織の方針を守りきれない分子が必ず出てきます。今日のように個人の自由や主体性を尊重するようになると、ますますそのような人が増えてきます。これは避けて通れないことで、社会もそれ自身をけしからんとは言いません。問題は、そのとき毅然と対応できるかどうかです。それにより組織の力量が問われるのです。

組織によって異なる信用

しかし、それでも信用とは何か。その基準は企業によって著しく異なります。企業にとって重要なことは、どこでも同じはずと思われる方もいるかもしれませんが、そんなことはありません。組織であれ個人であれ、だれだって信用を守ることを、何よりも大事にします。しかし、信用の意味は個人や組織によって異なります。何を信用の基準と考えるかは、組織の価値観によって違うからです。約束を守ることが何より大事と考えるところもあれば、商品の品質を最優先にするところもあります。昔の金融機関なら堅実で間違いないことを重視しました。報道機関なら、社会正義を前面に出すかもしれません。

少し特殊な例かもしれませんが、私は、昔、警察で暴力団取締りの仕事をしていたことがあります。暴力団のような場合、信用第一といっても、信用の意味は普通の人とはかなり違います。法律や人の命より、親分子分の情誼関係や人との約束を絶対視します。臆病だ、卑怯だと言われるのを人一倍嫌がります。死ぬよりつらいと言います。人を殺す約束。こんな契約は、通常、人の世界では公序良俗違反で無効です。しかし、彼らにとって約束は約束ですから守らねばなりません。だから、普通の人とは価値基準が違うとしても、仲間内のうわさ、評判を気にし、彼らなりの信用を守ろうとします。やられたらやり返す。それが彼らの男意気。世の中の普通の常識が何かなどは関係ありません。

「仁義」と言い、「義理と人情」をことのほか大事にする。彼らなりに「筋を通そう」とする。平素から後ろ指を差されながらも社会の底辺でひたむきに生きている人たち。そのような人たちこそ普通の人以上に人との情を求める。人間としての存在価値を求めるのです。暴力団を讃美するわけでも、支持するわけでもありません。何が一番大事かというのは、組織や業界・社会によって著しく異なることを指摘しておきたいのです。

信用をなくすと

近年、企業不祥事が多発しています。今や企業にとって最大のリスクマネジメントは、企業不祥事の防止であるといっても過言ではないと思います。各社は懸命になって不祥事防止に取り組んでいます。それは、コンプライアンスで道を踏みはずした、それにより会社を解散せざるを得なくなった企業もあることが分かっているからです。一〇年前までは、こんなことは、ありえないことでした。法を破る。今や市民はそれを許しません。まさに、これが二一世紀なのかもしれません。約束を守る。これは信用の原点であり、いつの時代にも変わらぬ普遍の原理です。だとすると法律は約束の最たるものです。このような世の中の変化を軽く考えてはなりません。

信用を築くのに先輩社員の涙ぐましい努力があったはずです。汗と涙の結晶です。それが法令違反という一瞬の行為によって崩壊してしまう。まさに「築城三年落城一日」[※4]なのです。だから、リスクマネジメントが必要なのです。

※3　惜しい人物を命令違反など秩序を乱した責任を取らせるためにあえて処罰すること。三国志で有名な知将・諸葛孔明は、命令違反の罰として、最も有能で信頼の厚かった将軍・馬謖《ばしょく》の首を、涙ながらにはねた。これにより、命令を守ることがいかに重要かを全軍に示すことができた。

※4　城を築こうとしたら三年はかかる。それだけ苦労して築いた城でも守り方が悪いとわずか一日で落城してしまう。昔は、「築城三年落城三日」といったが、最近のように変化が激しいとまさに一日で落城してしまうという意味でこちらのほうがよく用いられるようになりました。二〇〇〇年六月の雪印乳業食中毒事件の後、翌年一月の雪印食品ラベル偽造事件では、わずか一か月で同社は解散を決定せざるを得ませんでした。一瞬の間違いが命取りになる時代です。

第5章 リスクアセスメント

繰り返しになりますが、最初にリスクがどこにあるか、その存在を発見し、関係者間で確認する手続から始まります。リスクの発見は普通、組織の構成員によって行われ、それを多くの関係者や専門家によって分析評価され、組織の共通認識として高めます。ここでは個々のリスクについて具体的に分析と評価を行い、組織にとってどのような影響があるのかを検討します。

組織の場合、現場の担当者が分かっていればよいわけではありません。個人レベルの情報や知識を、組織共通の認識にまで高めておかねばなりません。それは、個人の場合でも同じです。病気などで通院している時、本人だけが知っていてもだめです。家族にも知ってもらい、平素の協力を受けねばなりません。心臓疾患で通院している場合、発作が起こった時家族は応急措置として何をなすべきかを、正しく理解していなかったらまさに命取りになります。それと同じです。

事件事故が起こると、よく現場の人は知っていた、前々から問題だと思っていたが、組織のトップにまで上がっていなかったため、対策が遅れたという話がよく聞こえてきます。ときには、現場から組織上層部へ繰り返し報告し、早急な対策を講じるように意見具申していたのに、上層部が取り上げてくれなかった。こんな話も少なくありません。

個人生活でも同じです。友人には話していた。会社の同僚も知っていた。それなのに、奥さんや家族には全く話していなかった。そして、発作が起こり手遅れになった。こんな泣いても泣ききれない話もあります。そのような失敗が起こらないよう、リスク情報を収集分析し、組織構成員に共有の認識としようとするのが、リスクアセスメントなのです。

1　リスクの発見と確認

リスクマネジメントで最初にすべきことは、次のステップを踏んでリスクの存在を発見し、関係者間で認識・予測することです。

・リスクがどこに存在するかの発見
・それが組織にとってどのような危険性があるかを認識
・さらにそれがどのような形態で発生するかの予測

リスクマネジメントで重要なことは、このようにしてリスクを発見し、その結果を関係者間で認識・確認し、問題意識を共有することです。言うなれば、リスクとは、その組織が抱える欠点・問題点のようなものです。そのような問題意識を組織の中で共有できれば、後のことは自動的にできるので、リスクマネジメントの仕事の半分が終わったと言えるくらい大事なことです。その逆に、組織がリスクを正しく認識できていないと、後の手続がどんなに正しくても、効果的なリスクマネジメントはできません。

失敗を人に話せない

リスク発見・確認プロセスの過程では、組織にとって重大なリスクを収集することから始まります。しかし、「言うは易く、行うは難し」のたとえどおり、それを行うことは容易ではありません。それは、現場へ行くほど日常扱い慣れているがゆえに、かえってリスクであることに気がつかないのと、リスクだと分かっていても、それを上司に報告するのをはばかる風土があるためです。うっかりリスク報告などすると、上司から怒鳴り散らされたり評価を下げるだけで良いことなどない。それだけでは済まず逆に仕事を増やされてしまう。過去にそんな経験がある職場では、本当のことなど上に上がってきません。

そんなところでは、同僚にも話せません。いつ上司に告げ口されるか分からない。従業員間で過度なほど競争の激しいところでは、同僚の失敗はチャンスですから、相手を喜ばすだけで相談にもなりません。そんなところにリスクが潜み、ひそかに成長を続け、最後に爆発するのです。だからこそ、リスクマネジメントを成功させようとしたら、職場風土の改革が必要なのです。

リスクの大きさが分からない

事件事故の都度、現場は分かっていた、それが上まで到達していなかったのだとよくいわれます。それが起こるのは、現場ではリスクの大きさが分からないからです。問題の大きさが分かっていれば、現場だって隠したりしません。リスクがあるだろうけれど、それほど深刻ではない、現場で対応可能な程度のリスクと思っているからです。問題が発生しても、自分の部署のことだけなら自分で対応が可能です。ところが、他部署まで波及したり、組織全体の問題になったりすると、特定部門だけでは対応できません。

リスクの存在が重要なのではありません。その規模と発生確率が重要なのです。とりわけ、組織全体に与える影響・危険性が重要なのです。現場ではそれが見抜けないのです。過去の幾多の事例を見ても分かることは、現場がリスクに気がつかないなんてことはありません。問題は、それがどの程度重大なのか、組織全体にどのような影響を及ぼすのか、それが分からないのです。現場は全体を見ていないからです。だからこそ、リスクをリストアップして、他部門の人に評価してもらうことが必要なのです。

自分に都合よく考える

また、人は、どうしても自分に都合よく考えがちなものです。自分の担当している分野を、客観的に評価することなど容易ではありません。自分の得意な領域、どうしてもやりたい仕事などのリスクは小さく考え、気乗り薄な仕事のリスクは大きく見えるものです。その逆に、関心の強いリスクは重大視し、関心のないリスクは無視したり、気がつかないこともあります。気がつかないからこそリスクなのですが、それを見落とすことが多いのです。リスクアセスメントは、このような個人感情や能力を超えて、客観的に事態を見ることが重要なのです。

組織の場合は、それでもだれかが気がついてくれますが、個人の場合、リスクを客観的に見ることは容易ではありません。だれでも自分の欠点はなかなか気がつきません。そもそも自分で気がつくようだったら、リスクとは言わないかもしれません。だからこそ、良い友を持ち、家族や先生、同僚などの話に謙虚にならねばならないのです。

個人生活のリスクマネジメントが容易ではないのは、そこに問題があるからです。だれにも共通のリスクへの対応はまだできますが、自分固有のリスクへの対応は容易ではありません。人はそれぞれリスクへの長所短所を持っています。しかし、リスクマネジメントの見地から考えると、多くの長所は短所であり、短所は長所でもあるのです。即断即決は直情径行であり、慎重はぐずにもつながるのです。いずれにせよ、度が過ぎることが一番問題なのです。**図表5**を参考にしてください。

リスクのリストアップ

リスク発見の方法です。最初に、リスクと思われるものを、もれなくリストアップしてくだ

図表5　成功と失敗の分水嶺

失 敗	成 功
・無知　無思慮無分別　迷信　無信念	・知性　科学的思考　研究熱心
・無謀　優柔不断　臆病	・勇気　決断力
・無責任　責任転嫁　他人依存	・責任感　自主性　自律自存　誠実
・束縛が多い　教条的　杓子定規	・柔軟性　自由な発想
・行動力欠如　怠惰　無気力　手抜き	・実行力　行動力　やる気
・姑息　邪道　近道	・正道を歩む
・苦しみに耐えられない	・忍耐力　継続性　最後までやりぬく
・ゆとり・冷静さがない　力の入れ過ぎ	・冷静沈着　自然体　平常心
・目標がない　場当たり　無計画	・希望　理想　目標　計画的　用意周到

過ぎたるは及ばざるが如し

さい。各種方法を駆使して収集したリスクを、一表にリストアップしてみます。そして、その中から、重要なものとそうでないものを、取捨選択してください。

リスク情報を提供した人が、不利益な扱いを受けないよう、配慮することも必要です。よく、リスクを指摘して上司から叱られたという話があります。自分や組織の恥部を他人に見せたくないという心理からです。何とか苦労しながらやってきたのに、部下がそれをさらけ出してしまってと怒るのです。このようなことでは、問題点の摘出などできるわけがありません。しかし、その気持ちも理解してやらねば、実効あるリスクマネジメントなど到底望めません。

リスク発見のプロセスでは、念のため

過大なくらい問題を、大きく取り上げてみることも必要です。それが、組織構成員のリスク感性を高めるための訓練となるのです。リスクについて率直に話す人を忌避する雰囲気のある職場では、本当の話は出てきません。

逆に、現場では、リスクが大きいと思っているが、組織全体で考えると、それほどでもないこともあります。現場はどうしても、リスクを微視的にしか見ることができないからです。また担当者の性格によりリスク感度が異なり、リスクを過大に見たり過小に見たりすることは避けられません。しかし、発見されたリスクを一表にリストアップすることにより、全体を見渡すことが可能になります。それにより、リスクを客観的かつ相対的に見ることができます。

他社事例を活用する

リスク発見方法として効果的なもののひとつに、外部情報の活用や他社事例を参考にする方法があります。マスコミで他社の不祥事が報道されたとき、必ず、当社にも同じ問題がないかどうかを、検討することを習慣づけることです。他人の不幸はわが幸せとばかりにせせら笑ったり、当社に限ってそんな問題は起こらない、などと慢心していませんか。明日はわが身ですよ。

他社不祥事を他山の石として活用する。公的機関からの問い合わせ、マスコミからの照会、地域住民からの苦情など、検討のきっかけは、いくらでもあります。すべてをヒントとする。

この謙虚さが、リスク発見そして早期防止の決め手です。

そのほか、各種文献に紹介されているリスクリストを参考にし、そこから発想を広げて、問題の発見に努めている人もいます。

2 リスクの分析と評価

次に、発見・確認されたそれぞれのリスクについて、リスクの軽重について格付けを行います。分析評価の要素としては、次のようなものがあります。

・発生確率はどのくらいか
・そのとき、どのくらいの規模の損害となるか
・そのリスクが経営に及ぼす影響はどの程度か

リスクの影響は、通常、損害の規模(severity)と確率(frequency)の積で表されます。

リスクの影響 ＝ 損害の規模 × 確率

このような分析評価をするには、前章で述べたとおりリスク評価の基準が必要です。組織によってものさしは違います。そのものさしがなければ、適切なリスク評価などできません。他社のものさしをそのまま使うわけにはいきません。それぞれの組織にそれぞれ固有の事業目的や文化があるからです。

リスクマネジメントの世界では、この方程式が定説になっています。極めて分かりやすく、かつ客観化が可能です。そして、他のリスクとの対比が容易になるという長所があります。しかし、リスクの中には、定量化が難しいものもあれば、そもそも数値化とりわけ金銭換算に適しないものもあることを、忘れてはいけません。最近、すべてのリスクを金銭換算しようとする風潮が高まりました。米国式リスクマネジメントの影響が強いためです。そのため、人命はもちろん、名誉、信用など、人の尊厳にかかわるものを無理して金銭換算しようとする過程で、人の尊厳を過小評価してしまう危険があるのです。このような悪しきすう勢をどこかで断ち切らねばなりません。

他方、このようなリスクの数値換算の困難から逃れるため、リスク定量化の不合理性を主張する人もいます。これも安易すぎます。この方程式の有する短所を十分認識した上で、これを使えば、この方程式は有益なものになります。

リスク分析評価の方法

リスク発見と評価の方法には、関係者みなで行うアンケート調査、ブレーンストーミング、インタビュー、KJ法などの方法があります。外部コンサルタントや有識者の意見・助言を求めるのも方法です。そのほかにも、いろいろな科学的定量・定性分析法があります。後述します。リスク発見は大変な作業になりますが、多数の人の参加による討論によって掘り下げてみるのがよい方法です。ある人の思いつきのような意見も、それを他の人が掘り下げることによって意外な真実が発見されることもあります。この過程で組織にとって重要なリスクを、もれなくリストアップすることが必要です。

小さな組織、より現業に近い職場、中間管理職以下のところほどKJ法は効果的です。リスク感性の養成とリスク発見のセミナーを、繰り返し開催することにより、効果をあげているところもあります。岡目八目的発想を上手に利用しているところもあります。常に第三者を参加させ、他人の欠点を指摘しあうことによって効果を発揮しているところもあります。

製造業の改善活動の中でよく引用される「わいがや方式」、すなわち、職場の中ですべての関係者が、上司や他人を気にすることなく、わいわいがやがやと率直に話し合う風土を作り上げることなどは、リスクマネジメント手法としても最適です。他の職場や同僚のことを遠慮なく指摘しあうことを義務づけるのもよい方法です。この方式は、トヨタ、ホンダなどの自動車が自社の製品の品質向上のため、従業員全員参加の方法として考案したものであり、今やわが国だけでなく、世界の製造業で積極的に取り入れられています。安全最優先の自動車業界において、問題ありと気がついたらだれでも指摘することができ、必要なら製造ラインを止めることもできる、すべての人が参加し責任をもつ、画期的品質管理法として知られています。内部告発制度がもつ特有の陰湿な面を否定し、わいわいがやがやと陽気に作り直したところなど感服します。

ＫＪ法

ＫＪ法は、川喜田二郎さんという大学教授によって開発された、アイデアや思考などの分類整理法です。思いついたアイデアをそのまま紙片に書きとめておき、一定量集まった段階で分類整理して考えを整理する方法です。これはひとりでもできますが、大勢の人が集まってグループ討論し、ひとつの考えにまとめようとするときに効果的な方法です。

何らかの困難な問題があり、関係者の意見が対立し、容易に意見の集約ができないでいるときなど、このＫＪ法は効果的な方法とみなされています。関係者を一堂に集め、問題点を説明した後、それぞれの意見を紙片に簡潔にまとめてもらいます。そして、集められた紙片は、みなの前にばらまき、眺めてもらいます。すると本質的に関連のある意見はおのずと近づいて見えてきますので、それを並べ替えして、類似の意見をひとつのグループにまとめてみます。そしてそのグループの共通項は何なのかを別の紙に書き、新しいカードを作成し、その上に貼り付けます。これを繰り返してみますと、たくさんあった意見も整理してみると、意見の数も案外限られたものであることが分かります。

情報をカード化して整理しますから、参加者全員の意見がもれなく収録され、匿名で行えばさらに自由な発想、本音の意見も引き出せます。意見の対立しているような問題を整理することも可能です。

このＫＪ法は、四〇年も前に開発されたものですが、最近はパソコンを使い、意見の集約をする方法が開発され、ソフトも簡単に入手できます。さらに、プレゼンのソフトもついています。

リスクの分類整理

次に、発見したリスクを分類整理します。その過程で、リスクのグルーピングを行わねばなりません。重要なリスクほど、同じリスクでも人によって見方が違います。群盲象を撫でるのたとえもあるように、組織にとっては大きなリスクも、個々の社員にとっては意外と小さなリスクに見えることがあります。それは、一人ひとりの社員には、氷山の一角しか見えないからです。各社で起こった不祥事や大事件などで、事前にその全貌は分からないでも、現場で担当している社員には意外とそのことに気づいていた、公知の事実だったということは少なくありません。

そんなこともありますから、企業不祥事が発生すると、現場は分かっていたのに上部に上がっていかない仕組みに問題があると、マスコミは批判しますが、そんな生易しい話ではありません。確かに指摘されるようなケースは皆無ではありません。しかし、多くの場合は、現場で分かっているのは、ほんの部分にすぎません。それだけ見ても問題点は分かりません。なるほど、現場でその片鱗を見つけることができても、そんなに大きな問題であるという認識にまで高まりません。さらに、問題がそこまで深刻であるとか、事態が急速に悪化するということまで予測はできません。したがって、このような小さな情報を汲み上げ、問題点を掘り下げるリスク感性が組織に求められているのです。小を見て大を知る。それがリスクマネジメント担当者の任務であり腕なのです。

後から見て、それが問題だったと指摘するのでは意味がありません。事前に掌握し、対策を打つ。それがリスクマネジャーに求められているのです。後知恵で論じるのは評論家であり、リスクマネジャーのすることではありません。敗軍の将が兵を語ってばかりいても虚しいだけです。反省だけなら猿でもできるとはよく言ったものです。昔から「一葉落ちて天下の秋を知る」と言います。中国の古典『准南子』に「小を以って大を明らかにす。一葉の落ちるを見て歳のまさに暮れんとするを知る。瓶中の凍るを見て天下の寒さを知る」と書かれています。まさに葉が一枚落ちるのを見て秋の訪れを悟る。このような「ものごとのわずかな兆しを見てその後の大勢を察知せよ」という教えをいつも自分に言い聞かせていますが、それは容易なことではありません。

発見されたリスクは、可能な限り分類整理し、記録として残しておくことが必要です。その時点ではたいしたリスクではなくても、時間の経過とともに重要性が高まることもあり、その際の判断に参考になることが多いからです。重要なリスクでも当事者は、それほど深刻に感じないということも少なくありません。

3　多角的なリスク分析評価法

ここまで組織内にはどのようなリスクが存在しているかを発見し、その所在を確認するとともに、それらのリスクが組織内にどのような影響を及ぼすかを、分析評価する必要性とその方法について概略説明してきましたが、ここからはさらにどのような方法で分析評価すべきかについて、具体的に説明してみたいと思います。

リスク分析法は、すでにかなりの手法が開発されています。しかし、どちらかというと、リスクマネジメントは、当初、保険業界を中心に発展したこともあり、分析法は多角的に存在するといっても、あくまで損害補償のためのものであり、いろいろな方法で計量化の努力がなされてきたとはいえ、それほど精緻なものではありませんでした。また、どれも完全なものはなく、すべての領域で活用可能なものはあまりありません。

ところが、近年、リスク分析が品質管理、原子力、化学などの分野に広がっていくとともに、分析の方法も新しい方法が取り入れられるようになりました。さらに情報科学、金融工学などの分野に拡大し、リスク評価法も根底から変わってきたといえます。そして、それぞれの分野で開発された分析評価手法が他の分野にも紹介、導入されるに伴いさらに改良されてきました。それでも、原子力、環境など発生確率が極めて低い分野の分析法と、医療や心理学の分野のように事故確率の高いところでは、分析法が本質的に異なることは否めません。

現在、比較的によく活用されている科学的分析法といわれるものの中には、次のようなものがあります。ここでは、いろいろな分析法があるということだけを知っておいてください。一つひとつの具体的方法は必要に応じて、もう一度勉強してください。

チェックリスト法

最も古典的といわれる手法でありながら、今日なお最も幅広く活用されている方法です。リスクの発見と評価に使われます。あらかじめ専門家によって作成・用意されたチェックリストを多数の関係現場に配布し、そのチェック項目に従い、問題点を洗い出していく方法です。チェックリストを配れば、各現場でも個人でもチェックが可能です。アンケート調査のような方法をとっていることもあります。

「地震の備えはできていますか」とか「インフルエンザ対策は万全ですか」、「セクハラ防止一〇か条」というようなチラシを見たことがあると思いますが、これなどチェックリストの典型です。調査対象箇所がたくさんある場合など効率的に活用できます。例えば、健康診断などあらかじめ関係者全員に配布し、自己診断をさせれば、リスクのチェックのみならず、健康指導にも活用できます。そして精密検査の対象を絞り込むこともできます。

最近は、普通の人も検査慣れしてマンネリ化したり、正直に答えないなどの問題が発生しているので、その盲点を克服する質問法なども開発され、かなりの精度の回答が入手できるようになりました。そこでふるい落とし、疑わしきものについては、専門家による直接面接調査に回せばよいのです。

故障解析法とホワットイフ法

不具合発生に対処する方法です。ひとつの問題が発生した場合、その問題を掘り下げ、次々と可能性を拡大させながら分析評価する方法です。一口に故障解析法といっても多岐にわたり、フォールトツリー法とかイベントツリー法といわれるものが有名です。

フォールトツリー法とは、起こってほしくない事態を想定し、その原因となる可能性を列挙し、それぞれについて発生を防止するにはどうしたらよいかを考える方法です。例えば、飛行機の墜落を考えます。直接の原因として、エンジン故障、燃料切れ、落雷、衝突などを想定し、一つひとつの原因について、例えばエンジン故障はなぜそれが起こるのかを分析する。そのように結果（最終被害）から順次原因にまでさかのぼって分析していく方法です。したがって、演繹法《えんえきほう》ともいわれます。

イベントツリー法とは、その逆で、事故を発生させるきっかけとなる最初の原因も分析し、それがなぜ大事故につながるのかを解析していく方法です。地震が起こってもすべてが焼死するわけではありません。建物が耐震、耐火構造になっていなかったり、可燃物質を放置していたり、避難路が確保されておらず、避難が遅れるなどいろいろな原因が考えられます。このように事故を呼ぶ原因を一つひとつ分析し、最悪の結果を招来しないように考える方法です。

また少し違いますが、ホワットイフ法というのもよく知られています。文字どおり、「もし……したらどうなるか」の質問を限りなく続けて、どこにリスクがあるのかを確認し、その対応策を探る方法です。「もし地震が発生したら」という前提で問題を提起し、そこで起こりうる各種想定をさらに掘り下げてみる。例えば地震が震度4なら、震度6ならと分ける。さらに建物が倒壊したら、交通途絶で従業員が出勤できない時、勤務中なら、休日なら、情報システムがダウンしたら、とひとつの事態から複数の事態へ次々と想定を拡大して検討してみる方法です。

リスクスコアリング法

リスクをいろいろな角度から評価し、点数換算しながら、問題を解明していく方式です。被害額と発生確率の二つの尺度による換算が一般的ですが、発生確率をさらに二分化し、危険に曝《さら》される確率(exposure)と実際の事故に結びつく確率(probability)に分ける方法もあります。それぞれ五段階ないし一〇段階に分け、どこに位置付けられるかをあらかじめ定められた基準に従って格付けを行います。発生確率や影響度が重大な場合は八ないし一〇、中程度なら四ないし七、軽度なら一ないし三という格付けを事前に決めておきます。そして一五点以上なら重大リスク、六ないし一四点なら中程度、五点以下なら軽度のリスクと評定します。リスクアセスメントの手法として、比較的易しくだれでも計量が可能なのでよく用いられます。

アンケート調査などでも、よくこの点数換算法を加味してリスクの評価を行うのが見られます。

リスクマトリックス法

米軍で広く活用されてきたリスク評価法で、リスクスコアリング法のひとつです。これは、被害の程度を縦軸に、致命的(catastrophic)、危機的(critical)、限界的(marginal)、無視できる(negligible)などと分類し、また、発生の確率を横軸に、頻発(frequent)、度々(reasonably probable)、時々(occasional)、まれに(remote)、まず起こらない(unlikely)、(improbable)のように分類し、この二つの要因からリスクを格付けしていくものです。そして、その結果を、許容できない、望ましくない、許容できるが検討必要、検討不要などと分類格付ける方法です。

ここで許容できないと認定された場合は、そのまま放置するのではなく、許容ないし対応可能なレベルまでリスクを低減させる努力が必要です。その方法については「第六章　リスクコントロール」で説明します。この分析方法は大ざっぱという批判もありますが、リスクマネジメントの現場では、そんなに正確な分析ができるわけではないし、不必要に細かくする実益もないので、極めて実務的、実用的といえます。軍隊ならではの手法です。詳細は**図表6**を見てください。

図表6　リスクマトリックスの例

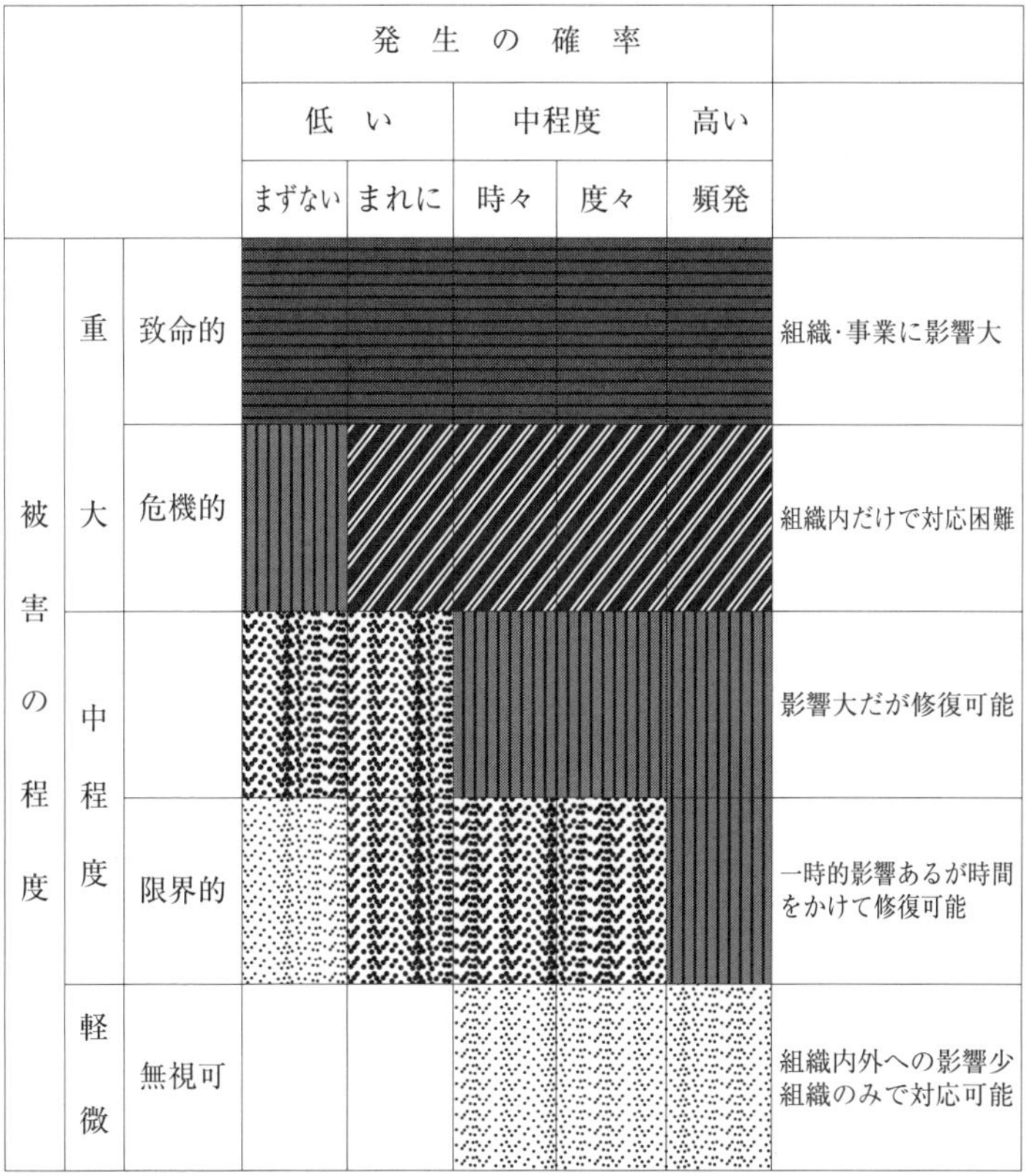

- 組織戦略に重大脅威となり許容不可。除去・低減の最重点努力が必要
- 組織だけでの対応は困難。影響を低減に組織として重点対応が必要
- 組織への影響大だが修復も可能。許容可能
- 組織全体への影響は許容可能だが組織としての対策の検討は必要
- 組織全体への影響もそれほど深刻でなく許容できるが部門で検討必要
- 日常業務の中での対応可能。組織全体での検討不要

リスクマップ法

リスクマップとは、組織の中に存在する個々のリスクについて、リスクの発生確率と被害規模を測定し、グラフの中に落とし込み、全体のリスクの中に占める位置を正確に知るために用いられる手法です。

組織の中にリスクがたくさんある場合、どちらのリスクのほうが大きいか比較考量できないと、どちらを優先的に扱うべきか、あるいはそれぞれのリスクについて、どの程度の力を注ぐべきか分からないことがあります。それをこのようなひとつの二次元グラフの中に落とし込まれていれば、一見してその重大性を認識することができ、関係者の適切な理解が得やすいという利点があります。ですから、組織の上級管理者にとっては、このリスクマップは極めて有効です。

ところが問題は、リスクの発生確率や被害規模を、事前にそんなに精密に予測することは、現実問題として困難です。だからこそ、前述のリスクマトリックス法が活用されるのです。同じリスクでも発生の態様により、発生頻度も被害想定も著しく変わります。例えば、地震ひとつとっても、発生場所、震度によって被害態様は本質的に変わってきます。そのため被害想定を一点に絞り込まず、面で評価するところも出てきました。**図表7**にその例を示しました。これは巧みな方法だと思います。

図表7　リスクマップの例

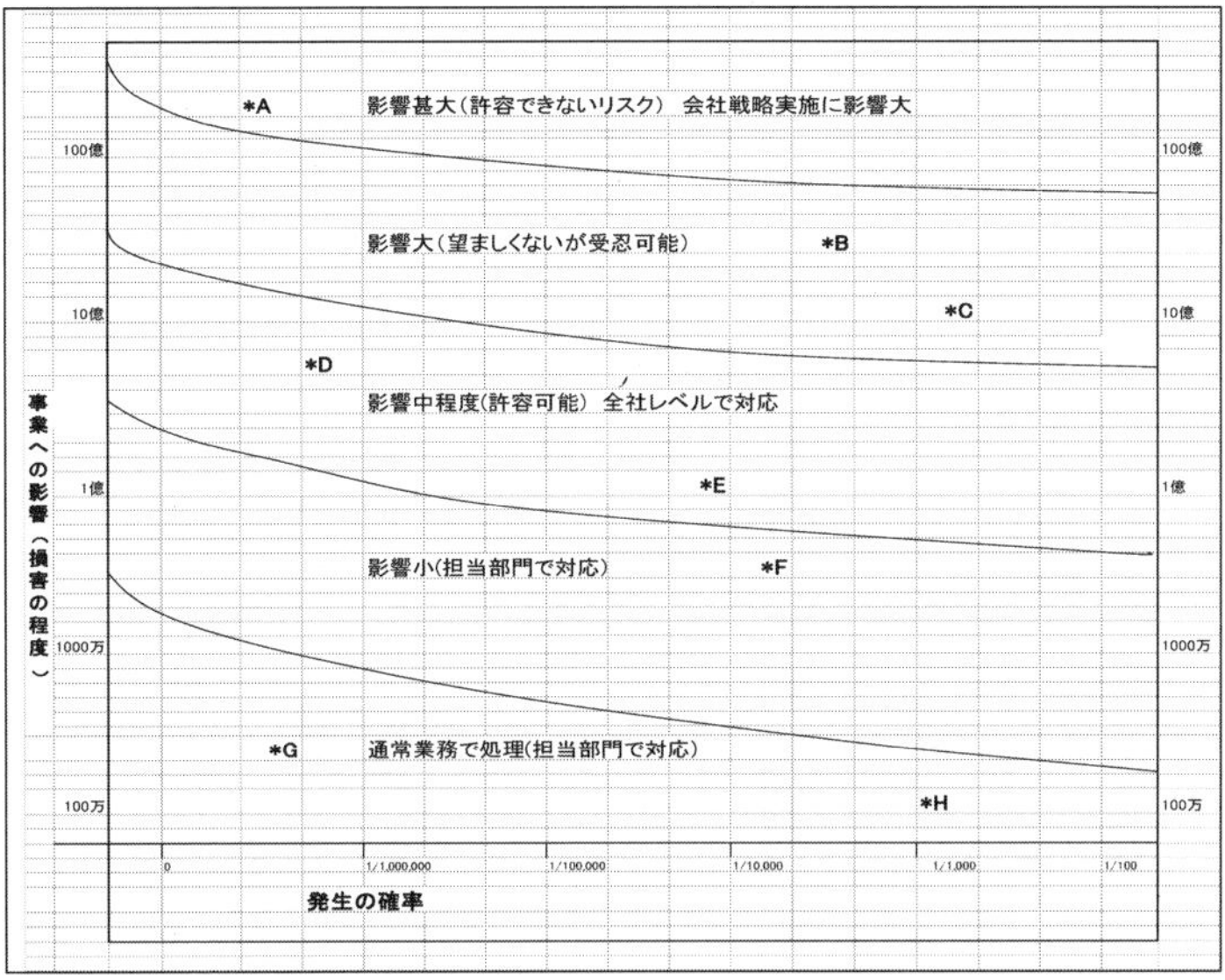

組織内に多数のリスクがあるとき、必ず、発生確率と損害の程度の２点について比較検討し、グラフにプロットする（例図のＡ．Ｂ．Ｃ．Ｄ．のように)。これにより、社内の重要度の認識･評価が可能になる。毎年これを繰り返すことにより、リスクの順位付けを行う。これらの作業を通じて、さらに、それぞれのリスクの確率と損害を下げる努力を継続する。

ここで取り上げるべきリスクとしては、例えば、「売り上げ10％減、赤字決算｣、｢品質トラブルとリコール｣、｢従業員による違法行為｣、｢知財権訴訟で敗訴｣、｢ベテラン技術者の大量引き抜き」のようなものが考えられる。

4　分析評価の方法

以上に述べたような方法が、実務家によって提唱されていますが、それぞれに長所短所があり、また状況によって違いますので、一概にどれが良いとはいえません。詳細を知りたい方は専門書を読んでください。いずれの方法であっても、次のようなことを考慮しなくてはならないと思います。

評価の基準・尺度

リスクは、漠然と分析評価すればよいものではありません。それぞれの組織の経営理念、事業方針などに基づく価値基準に従い、次のような角度·見地から行わねばなりません。

・組織にどのような影響があるのか。
・どの程度のリスクまでなら受け入れ可能か。
・リスクが具現化したとき、社会的にどのような問題を引き起こすか。
・社会からどのような評価を受けるか。
・周辺の関係者に対しどのような影響を及ぼすか。
・法的にはどのような問題があるか。

このような評価基準なくしては、被害の程度も組織に与える影響も評価できません。その分析評価は、一回行えばそれで足りるわけではありません。リスクは常に変化しています。何回も繰り返し行い、実態に合った対策を考えねばなりません。

残念なことに、日本の社会では、一度資格をとると生涯通用するのが普通で、再試験などめったに行われませんでした。そのため、不適格な医師や教員がいても、その排除は容易ではありません。そのような風土のためか、リスク評価も対策もいったん行うとそれで満足してしまい、再評価などしないのです。それではリスクが強まるだけです。このような問題認識から、最近、教員資格などの資格試験の再実施が法制化され、具体的な検討も始まりました。良いことです。

定性分析で十分

定量分析ができればベストですが、現実にはそれほど精緻なものは求められません。定性分析で満足せざるを得ないこともあります。計量化が可能かどうか、専門家の間で繰り返し議論がなされています。計量化ができないからリスクなのだという見解もありますが、保険の専門家が多く集まっている専門分野であり、全く不可能とは思われません。科学技術を中心とする分野ではかなり進んでおり、この手法や考え方は、他の分野でも有効なものが少なくありません。

しかし、今までのところ、発生確率算定や影響規模の想定に、多大な労力が割かれてきた割には、さしたる成果がみられていないことは事実です。それに、社会全体をとらえてみれば、かなりの精度の発生確率などが計算できるとしても、個々の組織にとって、確率などは、大して役立たないかもしれません。それでも、あまり厳密でなくても、それなりの損失計算をしておくことは必要です。組織にとって修復が著しく困難な損失なのか。日常活動の努力のなかで容易に取り戻し可能なのか。それも分からずにリスクマネジメント方針は立てられません。複数のリスクがあるとき、どちらのリスクのほうが大きいのか分からなくては、優先順位の決定もできません。金額的にみても、一〇〇万円なのか、一〇〇〇万円なのか、一億円なのか、一〇億円ぐらいなのかの、目途を立てる努力をしてみなくては、後の対策の立てようもありません。桁違いの判断ミスだけは、避けねばなりません。

リスクの大きさ（影響の大きさ × 起こりやすさ）は、きちんと認識しておきたい。とりわけ、重大な影響を及ぼす可能性のあるリスクは、特定しておきたいものです。それは必ずしも定量ではありません。定性で十分です。しかし、それなりの評価は必要です。このように考えるとすると、前述のリスクマトリックス法やリスクマップ法は、分かりやすいかもしれません。

さらに組織として、一〇〇〇万円以下の被害については、原則としてそれぞれの部署で処理をする。一〇億円以上の被害については、必ず取締役会に報告するというような基準を定め、迅速的確な処理を促すという方針を、定めている企業などもあります。

隕石落下による被害リスク

隕石落下のような、ほとんどありえないようなリスクと、落雷のように現実性のあるリスクを同列に論じてはいけません。学者の書いた書物は、ややもすると観念論に走り、このようなものの比較をすることがよくあります。同じ天から降ってくるものであり、分かりやすいというのでしょうが、そこには天地の差があります。雷雲が近づいてきたら、高原地帯やゴルフ場では、金属類の持ち物は捨てて、直ちに安全な場所に避難しなければなりません。そのくらい危険度の高いものです。ところで、隕石の落下で死亡した人は、この一〇〇年で世界中で何件あったのでしょうか。それを正しく認識するためにも、リスク感性の養成が求められるのです。

このようなことをいうと必ず反論があるでしょう。いろいろな本の中にも、隕石直撃の危険がよく書かれているではないかと。そうなのです。落雷直撃による死傷はかなり頻繁に発生しますから珍しくもないので、あまり新聞記事にもなりません。隕石はニアミスでも世界中を走る大記事になります。それに、六五〇〇万年前に地上から恐竜を絶滅させた大衝突事故もありました。落雷は地球の危機にはなりませんが、隕石は地球消滅の危険さえあるというのでしょう。

そのとおりだとしても、大隕石衝突の危険は10^{-7}、すなわち一〇〇〇万年に一度の確率しかないのです。それは空想の世界、小説の世界の話であり、実務の世界の問題ではありません。それなのに、これが不安でノイローゼになる人がいるとしたら、このようなニュースを煽るマスコミに責任がないでしょうか。それにどうしたらこの事故を回避する方法があるというのでしょう。あまりにも無責任すぎます。[※5] この問題については章を改めて、リスクコミュニケーションの項でもう一度検討します。

組織に与える影響

リスク算定は、被害金額だけではありません。リスクの事業に与える影響の大きさが、どのようなものかが重要です。これをするには、組織にとって何がダメージなのかを、きちんと認識する必要があるのです。だからこそ、リスクマネジメント方針を明確にし、組織にとって守るべき重点は何なのかを、はっきりと認識し、組織構成員に明示しておくことが必要なのです。

とりわけ、信用のようなものは、金額評価はできるようで実際は難しいものです。現実に発生した事案の態様や、その時代の社会情勢により、大きく左右されます。同じことでも、叱責だけですむこともあれば、廃業に追い込まれるほど、厳しい批判にさらされることもあります。しかし、最悪の事態を厳しく認識しておくことも必要です。

社会全体が発展途上だった時代には、経済的発展を最優先にしていたこともありました。しかし、今日の社会は、市民がこれ以上の経済の発展は求めない、それよりは社会的に誇れるような企業であってほしい、という期待をもっています。だからこそ、環境、省エネ、順法＝コンプライアンス、企業倫理、社会貢献などが、重要な評価基準になったのです。このような社会の変化を認識し、それを企業活動の中に取り込んでいくことも、リスクマネジャーの重要な任務です。

組織の社会的責任と事業の継続性

同じ地震の被害を受けても、そのダメージは組織によって著しく異なります。耐震性の強い建物を持ち、壊れやすい施設の少ない企業なら、そうでない企業よりいざとなれば有利です。また、金銭的な損害だけなら回復は容易です。問題は損害の程度ではなく、事業に支障を来すことが問題なのです。場所さえ変えれば容易に事業再開できるような会社では、工場倒壊でもそれほど深刻な問題にはなりません。それに損害は保険がカバーしてくれるかもしれません。

震災は自社だけなく、他社にも同じような被害が発生しているはずです。しかし、どんな被害を受けるかが問題ではないのです。その被害を受けたとき、企業としての本来の責任を果たすのに、どのような支障が生ずるかです。生活必需品のような社会的に有用な商品を作っている企業なら、その生産と供給を継続しなければなりません。どの企業でも従業員の雇用を保証しなければなりません。

したがって、もう一度、組織として、企業として、どのような社会的責任を有しているかを具体的に分析評価し、それを関係者に周知徹底を図っておかねばなりません。そして、もし事業が途絶したら、どのような責任が果たせなくなるか、それを考え、それを回避する、あるいは被害を最小にする方法を検討しておかねばならないのです。そんなことから、最近、事業継続性ということが注目を浴びるようになりました。これは企業の社会的責任のひとつです。

ということは、社会的責任の大きい組織ほど、信用を重視する組織ほどそれが傷ついたとき失われるものが多いということになるのです。逆にいえば、信用などどうでもよい、失うおそれのある名誉など存在しない人にとっては、いざというとき一番気楽だということになります。そういう人間にだけはなりたくないものです。

※5　一九一〇年（明治四三年）、ハレー彗星が地球に大接近しました。この彗星は七六年周期で太陽の周りを周回する彗星です。この年の接近では、日本国内は大騒ぎになりました。彗星の尾には有毒のシアンが含まれている。これが地球をかすめ通るとき、シアンの毒に地球全体が覆われるというセンセーショナルなニュースを、新聞で煽られたからです。実際には彗星のガスは非常に薄く、地球が尾の中を通過したときも何も起こりませんでした。そのほか、彗星の尾に含まれるX線と地球の水蒸気が反応して大洪水が起こるとか、地球の酸素がごそっとなくなり人間はみな窒息するという説まで流れました。みな新聞記事です。その割には人々はパニックというほどにはなりませんでした。それは、当時の人は新聞をそれほど読んでおらず、新聞記事で大騒ぎすることもなかったからです。その七六年後の一九八六年（昭和六一年）、ハレー彗星がまた地球に接近しましたが、それほど話題になりませんでした。

第6章 リスクコントロール

1 リスク処理方法の選択

リスクの取り方はひとつとは限らない

リスクの分析・評価ができたら、それぞれのリスクについて、どのように処理すべきかを考えます。処理方法としては、前述のとおり、回避・除去、予防、分散・集中、移転、低減、保有などの方法があります。そのうち、どれをとるべきかを選択し実施します。

これらの方法のうち、ひとつだけを実施するとは限りません。いろいろな方法を組み合わせて、実施するということも珍しくありません。のみならず、途中で方法手段を変更することもよくあることです。リスク処理の実施に入った場合、常に留意すべきことは、一度決めたら、そのまま継続するのではなく、絶えず分析評価を繰り返し、新しい状況にふさわしい方法を選択し直すことです。さもないと、それがマンネリ化や弾力性の欠如となり、新たなリスクを招くことにもなりかねません。

リスクマネジメントでは繰り返し見直しをすること、そして過去にこだわらないこと、これを生活信条として体に埋め込むことが重要です。どの方法をとるにしても、最適のリスク対策はあっても、リスクゼロにするという、完全なリスク対策というものはありません。リスクマネジメントでできることは、確率を下げることだけなのです。それを間違えないでください。リスクマネジメントでできることは、確率を下げることだけなのです。

したがって、どれを優先的に処理するか、どの程度の対策を講じるかを考えることが大事なのです。

リスクマネジメントで大事なことは、何が何でも万全を尽くして備えればよいのではなく、あくまで費用対効果（コストパフォーマンス）を考え、妥当な範囲内で備えることです。目先の利益ばかりを考えてはいけません。人の風評ばかり気にして、わずかな被害予想に対して過大な備えをするのは、リスクマネジメントの取るところではありません。非現実的なリスクに対して、現実性の高いリスクを犠牲にしてまで備えることも、リスクマネジメントの判断としては適切ではありません。

どのくらい安全なら安全といえるのか（HSIS E）

米国のリスクマネジメント戦略の中で、よく、どの程度までリスクを減らせばよいのかという意味で、How Safe Is Safe Enough?（HSISE）ということが論じられます。リスクを完全にゼロにしようとしたら、あまりに負担が大きくなります。そして、生活が不便になるだけです。リスクをある程度許容した上で、利益（ベネフィット）を追求するということは、生活や事業を行うのに不可欠なことです。これは科学的にだけでなく、社会的視点からも必要なことです。

それに、現実の社会を考えれば、リスクをゼロにするということは、事実上不可能なことです。何らの危険もないようなものが、この世の中に存在するでしょうか。前にも述べたとおり、パンを買いにいくのにもリスクはあるのです。リスクゼロなんてものは存在しません。もちろん、限りなくゼロに近づけることは可能です。多くの学者の研究からも明らかなとおり、リスクを九〇パーセント下げることはできても、それ以上下げることには多大なコストと労力を必要とします。とりわけ、最後の一パーセントのリスクを取り除くには、天文学的なコストを必要とすることになります。それでも、単なるコストや労力だけの問題なら、努力も必要でしょう。しかし、多くの場合、その副作用も考えないわけにはいきません。

許せないリスクは、どんなことがあっても許容してはなりません。除去しなくてはなりません。しかし、リスクを低下させようとすれば、どうしても社会生活に不便が高まります。これは、社会と市民生活にとって大変なコストになるのです。このこともきちんと認識しておかねばなりません。これは何も費用だけのことを言っているのではありません。社会生活にマイナスをもたらすおそれがあると言っているのです。

現実的に妥当な程度のリスク（ALARP）

このようなことから、英米で「現実的に妥当な程度の低いリスク」（As Low As Reasonably Practicable）という考え方が判例法上も出来上がっています。これをALARPの原則といいます。そこでは、許容できるリスク（acceptable risk）、耐えられるリスク（tolerable risk）という概念が導入されています。これが成り立つためには、企業や専門家が、リスクを適切にコントロールするために、最善の努力をしているという信頼関係が、組織と市民の間に成立していることが前提です。企業のような組織に対し、市民の中に不信感がある限り、このようなリスクは社会的に共有されません。今、日本でリスクマネジメントを難しくしているのは、そこに問題があるからです。

安全の尺度

どの程度の危険までなら、市民・消費者は許容できるのか。これに関する客観的な基準はあるのか。一概には言えません。国民性の違いもあるかもしれません。米国で社会統計学的な見地から、死亡事故発生率に対する意識調査[※6]をしたものによると、

1　年10^{-4}以上（intolerable）特別の状況下で正当化されるリスクでない限りだれも許容できない。

2　年10^{-4}（undesirable）好ましくはないけれど、事故率をこれ以上下げることは現実には

無理あるいはあまりに費用がかかりすぎる場合は耐えられる。

3　年10^{-5}（tolerable）リスク低減はもう少しできることは分かっているけれど費用をかけてまでしたくはない。

4　年10^{-6}（negligible, broadly acceptable）無視できる程度の危険であり、許容できるリスク。

5　年10^{-6}以下（trivial, acceptable）普通の人はほとんど関心もない些細なリスク。

この分析によると10^{-4}（一万分の一）とは交通事故の確率であり、10^{-6}（百万分の一）とは落雷による死亡の確率であるとしています。ここでは徹底してリスク利益基準（risk-benefit）すなわちリスクと利益を比較考量し、リスクが利益を上回るのなら許容レベルのリスクだとするのです。

2　いろいろあるリスク処理法

(1)　回避・除去

危険に近づきさえしなければ、事故は起こりません。いつもこのように消極的になることを推奨するわけではありませんが、不用意にリスクに近づくことは禁物です。

○ リスクを取るのか取らないのか

除去とはリスクの原因を取り除くことです。回避とはリスクに近づかないことです。飛行機に乗らなければ、航空機事故に遭う可能性はありません。ストーブを使わなければガス中毒の心配はありません。商品を作らなければ、製造物責任（ＰＬ）の心配はありません。要するに、何もしなければ何も起こらないのです。しかし、そのような消極ばかり認めているわけにはいきません。

ビジネスはリスクの塊であり、リスクを避けていたら事業などできないという人がいます。その発想には無謀の影が伴い、無条件に組するわけにはいきません。確かに、ビジネスとはリスクを取ることです。しかし、ここで言おうとしているのは、すべてのリスクを回避するのではなく、それぞれの組織にとって自ら抱えておけるリスクかどうかを判断し、自分で責任がもてない、管理しきれないリスクは、避けるべきだということです。

他人に迷惑を及ぼすおそれがある場合は、その責任を考えねばなりません。目的地へ行こうとするとき、自動車で行くと決めたとしても、会社の車で行くのか、自分で運転して行くのか、それともタクシー・ハイヤーを頼むのか、コストとリスク、利便性などを考えて決めると思います。何が何でも自分で運転しようなどとは考えないはずです。

逆に、得意な分野でほかの人には処理できないような技術や能力を持っているのなら、思い切ってそれをセールスポイントとして、自らのビジネスとすることもできます。事実、最近では、他人が処理できないようなリスクを思い切って抱え込み、成功している人もいます。さらに、それを自己のビジネスとして売り出し、他社の業務を代行している人もいます。その人なら安いコストで処理できるのでしょう。その人と競争しても勝ち目がないのなら、思い切ってやめてしまうか、任せてしまうのも手です。むやみにリスクに挑戦するのは考えものです。失敗したら元も子もありません。意味ないところに、過剰な神経や労力を費やす必要はありません。

○撤収の判断――得意なところでリスクを取る

したがって、リスクの分析評価により、自社に対応能力がない、あるいはコスト負担が重すぎると判断されたら、思い切ってリスクを回避することが懸命です。企業活動の中には、自社に人材がいない、保険でカバーするのは負担が大きすぎるということは、よくあることです。アウトソーシング、シェアードサービスの時代です。自分でやらなくてもだれも何とも言いません。最近の米国では、当たり前のように事業の一部切離しを行うようになりました。それは、あたかも自分で料理するより外食のほうが簡単というのと同じ感覚です。判断基準はどちらのほうがコスト負担が低いかだけのように見えます。奥様の手料理でないとおいしくないというのなら仕方ないですが。それも判断の問題です。価値観の問題です。

例えば、新製品の開発中断、新規分野への事業進出の中止、特定国・地域からの事業撤収のようなことは、日常の経営判断でよくあることです。それだけの人材を集め、資金を投入するくらいなら、もっと効果的な事業分野があると判断し、そちらを選択することもあります。何が何でもやみくもに突っ走る必要はありません。リスクを抱え、そこへ多大な注意力とエネルギーを使うより、専門家に任せたほうがはるかに効果的なことはいくらもあります。要は、得意なところでリスクを取り、不得手なところは外部の専門家に任すことです。

リスク処理は、本質的には負け戦の処理です。何が何でも最前線で戦う必要はありません。戦いやすいところまで撤収し、そこで戦う。そして、一刻も早く体制を整え、新たな勝利へ向かって組織を結集させる。これが人心収攬の秘訣なのです。太平洋戦争では退却といわず転戦といい、敗戦といわず終戦と呼びました。その是非については今日なお議論がありますが、大きな組織を結集させようとしたら、受身の処理やマイナス評価は禁忌なのです。

○ 業界常識でも当社はやらない

業界では一般的になっている商法でも、当社は採らないというのもひとつの選択です。バブルでは、他社がやっているから当社でもと思って、失敗した企業がたくさんありました。また、社是が禁じているとして株や不動産に一切手を出さず、結果としてバブル被害を被らなかった会社もありました。

担当者はやる気満々ですが、経営者としては社風になじまないとして中止する。これが回避の典型です。担当している本人たちは、リスクに気がつかなかったり、そんなことを言うとやる気がないと思われはしないかと考え、自分からやめたいとは、なかなか切り出せないことがあります。これに判断を下すのが経営トップの仕事です。リスクに挑戦することは必要でしょう。しかし、自己の能力を超えるリスクからの撤収は、立派な経営判断だと思います。

そのほか、自然災害の見地から立地条件の悪い工場を閉鎖した。危険な作業を自社ではやらずに外注した。企業イメージを損ねるおそれのある商品の製造を打ち切った等々、事例はたくさんあります。リスク防止策にコストのかかりすぎる事業はやめるべきでしょう。ただし、そこでは企業の社会的責任との絡みがあります。自社の採算だけで判断するわけにはいかないこともあります。

経営の神様といわれる米国の経営学者P・ドラッカーは、「撤収判断の基準は、今これを新規事業として開始するかどうか、しないのだったら思い切って撤収せよ、すべての分野について、その判断を毎年繰り返せ」とまで言っています。

⑵ 予　防

予防とは損失の発生する可能性を小さくするなど、リスクを減らすためのあらゆる方策をいいます。リスクマネジメントの最も一般的な手法です。合理的理由もなしに、あえて危険に近づくことは許されません。問題が分かっているのに対策を講じない。それは組織として決して容認できないことです。リスクを徹底的に除去することが、確かに望ましいことは間違いありませんが、現実のリスクマネジメントで、そのようなことを期待することはできません。確かに昔はそれを理想として追求しました。

しかし、それはリスクの何たるかが分かっていなかったからであり、測定不能なほどの小さなリスクをリスクとは言わなかったからです。しかし、どんなに小さくなってもリスクは残るという、リスクの本質が分かった今日、リスクゼロはありえないと正しく認識する必要があります。そこでなすべきは、損失の発生頻度と被害額を、受入れ可能なレベルにまで下げるための取組みです。これは努力により可能であり、実際にもこのような取組みにより、リスクは小さなものになっています。各種事故についても事故防止法の発達、社内での熱心な調査研究や取組みにより事故は減ってきています。リスクマネジメント技術の普及・向上が、さらにこれを効果的なものにしています。

例えば、火災予防対策を講じたからといって、火災がなくなるわけではありません。そんなことはできません。しかし、火災の可能性を減らすことはできます。また、火災が発生した場合、被害を最小にすることも可能です。このようにして、当事者が所要の対策を講じ、必要な努力を継続すれば、最悪の場合でも被害を小さくすることは可能です。これをリスクの予防・防止というのです。

リスクの発生確率、被害規模を減少させるため、各種の人的・物的対策としては、例えば火災ならば、安全教育、定期点検、消火器・非常階段の設置、避難訓練の実施などがあります。

(3) 分散・集中

リスクの分散とは、例えば、工場、倉庫、事務所等を一か所に集中させず、各地に分散させることです。万一、火災で工場が焼失し、一か所のラインが止まっても、他の工場での操業でカバーできます。分散はコストを高め、事故確率が高くなりますが、致命的損害は防げます。集中とは発生しそうなリスクを一か所に集中させ、安全対策を強化することです。発生確率は下がりますが、万一の際の被害は大きくなります。

○ 分散で致命傷を回避

リスクの分散とは、ひとつの事故で多くの資産が同時に失われることのないよう、数か所に分散させることです。企業が生産設備や原材料・製品などを一か所に集中させていると、壊滅的な打撃を受けることがあります。特定部品工場の火災でラインが止まり、その業界全体の生産がストップしかけたことがありました。特定地域に工場を集中させ、停電で生産がストップしたという話もあります。基幹部品の供給が止まると他の事業にまで波及することになります。神戸の震災では鉄道の途絶により多くの従業員が、数か月にわたり通勤できなくなりました。このような場合、もし生産場所が分散していたら、このような被害は発生しないで済んだかもしれません。工場、倉庫、事務所などを一か所に集中させず、リスクを分散させていれば、このような損失の規模を減少させることができるのです。バックアップセンターを設置したり、コンピューターセンターを二か所に分散させるのは、ネットワーク社会では常識になりました。しかし、分散させることだけが良いとは限りません。分散によってコストを高め、事故の確率もそれだけ高くなります。

○　トヨタ部品工場の火災

一九九七年トヨタ系部品会社アイシン精機で工場火災が発生しました。その際、分散と集中の可否についての議論が起こりました。この火災による生産ラインの操業停止により、トヨタの国内生産は当初計画より七万台の減産となり、最終損失は約二〇〇億といわれました。三万点の部品の集合体といわれる自動車は、わずかひとつが欠けるだけで全体の生産がストップするという現実を、改めて知らされた事件でした。アイシン精機一社だけでブレーキ関連部品の九〇パーセントを生産していたことが明らかになり、トヨタ「かんばん方式」の見直しかと、マスコミの話題になりました。リスク分散のために複数社に発注してさえいれば、このような問題は起こらないわけですから。なぜこのような自明の原則をトヨタは守らなかったのかという疑問がわきました。しかし、このような大事件にもかかわらず、わずか一週間で平常業務に復旧したトヨタの底力のすごさ、リスクマネジメント能力こそ最も注目すべきことだと思いました。複数ライン化は最もオーソドックスで確実な方法です。しかし、もしこのような安易な方法を積み重ねていたら、今日のトヨタはありえないでしょう。全従業員参加による改善に改善を重ね、事故の可能性を徹底排除するとともに、品質の向上、コストの削減を実現し、未曾有の利益を生んでいるトヨタには、トヨタならではの秘訣があるのだと思います。もし安易に複数ライン化で満足し、それでリスクマネジメントは事足れりとしていたら、一週間では到底復旧は不可能だったでしょう。

○　集中させ安全対策の強化

それに対して集中とは、発生しそうなリスクを限定された場所に集中させ、安全対策を強化することです。分散させるとリスク対策のためのコストも余分にかかり、人も余分に必要です。リスクマネジメントの専門家などたくさんいませんから、それだけリスクマネジメントの質が下がることが危惧されます。それより、組織や場所を集中させることにより、より高度のリスク管理体制を敷いたほうが効果的だからです。発生の確率は下がりますが、万一の場合の被害はそれだけ大きくなります。どちらが良いかは一概に言えません。状況によると思います。

(4) 移　転

移転とは危険の事前除去が困難なとき、そのリスクを他に転嫁することです。保険が最も一般的ですが、原材料の値上がりに備え早期の大量購入、先物取引市場でのヘッジなども移転のひとつです。

○ 保険が移転の典型

リスクの移転は自分ひとりで負担するには大きすぎるリスクの一部を、他者に肩代わりしてもらう方法です。保険をかけるのがその典型です。回避がその事業をやめてしまうのに対して、移転はあくまで継続することが前提です。すなわち、リスクがあることを認識し、その一部を第三者に負担してもらうことにより、リスクの低減を図ろうというものです。リスクの負担を他人に分担してもらうからには、どうしても利益の一部を相手と分け合うことになり、それだけ利益が減ります。場合によると利益が全く残らないということすら起こります。保険金の支払で利益の全部が飛んでしまったという話はよくあります。それでも、その事業を内部に残す。それも選択です。確かに、自分の取り分は減りますが、その事業を放棄してしまうことと比べると、将来へのチャンスが残るだけに、積極的なリスクヘッジの方法だといえるかもしれません。

○ 他にもある移転方法

企業活動におけるリスク移転の方法としては、保険のほか、先物取引によるヘッジ、共同開発、販売提携、取引上の免責契約の締結、危険な土木工事の外部発注、金融デリバティブその他の各種リスクファイナンシングの活用など多岐にわたります。その他、競争相手との提携、生産委託などもこの範疇に入るかもしれません。ただし、独禁法違反にならないよう気をつけねばなりません。

リスクの移転はあくまでリスクを受け入れることが前提ですが、移転したらそれで終わりではなく、自らもリスクを低減するための措置を講ずるもので、それと組み合わせて最適のリスク対策をとるのが普通です。例えば、火災保険を掛けたらそれで終わりではなく、自ら防災訓練の実施など各種の火災予防対策をとります。工場災害の予防でも工場労働者の安全と健康確保のため、万が一の事故に備えて労働災害保険も掛けてあります。しかし、保険を掛けてあるから大丈夫だといって、危険な場所でこき使われたら従業員はたまりません。保険会社も自衛措置、予防措置を講じてあるかどうかで保険料率が変わります。

この中で気をつけねばならないことは、法律等によりリスク移転に制限がかかっていることがあることです。危険だからといって、下請け会社に工事の丸投げをすることは許されません。火災・労災事故防止のため、各種法令により広範な義務が課せられています。

⑸ 低減

リスクの低減とはリスクの発生可能性と損害の程度を減らすためにとる行動です。昔は、リスクコントロールといえば、回避・除去、予防、分散・集中、移転などの施策が主流であり、この低減というのは中途半端であると考えられていました。しかし、すでに繰り返し説明したとおり、どんなに対策を講じてもリスクを完全にゼロにすることはできません。そこで、今日ではリスクコントロールでできるのは、この低減だけであるという考え方が強くなりつつあります。特に、米国の官民が協力して作っているトレッドウェイ委員会が二〇〇四年に提唱した全社的リスクマネジメント（ＣＯＳＯＥＲＭ）では、この低減をリスク処理の中心に据えるようになりました。

そもそも、今日の社会はあまりにリスクが多すぎ、すべてに完全に備えることはできません。それに完全に備えようとしたらコストがかかりすぎて、それ自身が企業にとって新たなリスクとなってしまいます。したがって、リスクの存在を認識していても、すべてに備えるのではなく、企業全体にとってより深刻な打撃を与えるおそれのあるものに、重点的に取り組むしか方法はありません。それも、リスクとその被害をゼロにしようとするのではなく、なんとかして、組織にとって致命的な打撃とならない程度にまで下げることに目標を置くことにしたのです。それが現実的、実務的な方法です。

もうひとつの要因は、リスク処理をしたところでリスクはまだ残っており、そのことをきちんと認識しておかなければならないという認識が高まったことにあります。それまでは、どちらかというとリスク処理をしたという安心感が、その後の監視を怠るもとになっていた反省の上に立っています。このようなリスク処理の後、残されるリスクのことを残留リスクというようになりました。そのことは、次の項でもう一度説明します。

リスク低減の方法としては、今まで述べてきた回避・除去、予防、集中・分散、移転などの各種の方法を組み合わせて行うことが普通です。もちろん、理論的には回避・除去ならばリスクは残っていないはずですが、現実には完璧な回避・除去などというものはあまり考えられません。例えば、がんの巣窟を摘除したつもりでいても他に転移していたために、そこから再発ということはよくあることです。したがって、処理後にもリスクは残されているという認識が大事なのです。

(6) 保　有

保有とはリスクがあることが分かっていても、監視以上の特別な措置を講じないで、そのまま抱え込むことです。リスクについては何が何でも措置すればよいわけではありません。そのままにしておいた方がよいこともあります。ただし、リスクとして認識し、随時点検するなど必要な監視は続ける必要があります。前項で説明した低減措置を講じた後、残された残留リスクのうち、そのまま監視を続ける必要ありとして保有の対象となるものもあります。

これに対して、認知されていないリスクの受容も保有だという人もいますが、それは違うと思います。ここではリスクであることが分かっているが、それほど重要でない、発生頻度があまりに低い、平素の一般的な措置だけで十分であり、特別な対策を取る必要がないなど明確な理由があって、あえて事前の特別措置を取らないケースだけを保有と言いたいと思います。小さなリスクは別として、重要リスクについて認知すなわち担当者の気がつかなかったことまで保有だと言ってしまうと、担当者の手抜きが起こることもありえますので、リスクマネジメント上これを保有とは言わないほうがよいのです。

リスクの中には問題があることは分かっており、何らかの措置をしたくても取りようがないこともあります。リスク処理の適切な方法がないものもあれば、処理に膨大な費用がかかり、手をつけようもないものもあります。その場合でも必要な監視は続け、発生後のことをきちんと考えておかねばなりません。

3　それでもリスクは残る

残留リスク

近年、残留リスクというものが話題になります。各種リスク対策を講じても、どうしても最後に少しだけリスクが残ることが少なくありません。科学の発展により昔は測定できなかった微量なリスクも測定可能になりました。その昔は、目に見えないなど人間の五官で感知できないものは、リスクとは言いませんでした。それに感知できないのですから不安も生じませんでした。知らぬが仏です。しかし、今日、科学の発達により、ごく微量のものでも測定可能になりました。その中には、確率も一億分の一以下（10^{-8}）の低確率のものもあります。そのようなものは実生活上ほとんど無視してもよいこともあります。

そのように、相当のリスク処理をした後残されたリスクで、当面それ以上の対応を必要としないと思料されるものを残留リスクといいます。情報セキュリティ、環境、食品、医薬品など安全工学の分野に存在します。最近では、企業経営でもこの言葉は使われるようになりました。

何回も述べてきましたが、リスクゼロというものは存在しません。できることは許容レベル以下にリスクを低減させることだけです。したがって、このような理念が生まれ、次第に各界に定着し始めたことは、リスクマネジメントとして歓迎すべきことです。

しかし、同時に留意しなければならないことは、残留リスクの中にはリスク保有者が各種状況から総合判断して、現時点ではそれ以上の措置を講じることなく、あえて保有しているものもあり、また、時間の経過によりリスク確率が変化したり、対応可能になったりすることがあることです。

安全のパラドックス

このように考えたとき、もうひとつ認識しておかねばならないことは、リスクは減らそうとすればするほど新たなリスクが生まれることです。今まで述べてきたことからお分かりいただけたように、絶対安全などというものは存在しません。また、リスクを伴わない決定など存在しません。そして、リスクを減らそうとすればするほど、別な場所に新たなリスクが生まれるということです。

私たちは、常に安全を求め、安全のためにはあらゆる努力を惜しみません。しかし、同時に少しでも便利で快適な社会の実現をめざし日々努力を重ねています。その結果、ひとつの安全が実現すると更なる危険にむけて挑戦するようになるのです。そこに安全のパラドックスが起こるのです。

医療の世界で言えば、ペニシリン、ストレプトマイシンなどの新薬の開発により、かつて不治の病とされていたような病気が克服されていきました。ところが、それらの抗生物質が効かないような新しいウイルスが生まれ、人類は新種の難病に苦しめられています。

道路がよくなり、車がよくなると事故が起こる。これはよく知られている事実です。シートベルトやヘルメットを着用すると、よく事故が起こるともいわれます。その結果、事故を減らすためになされてきた努力がみな裏目に出てしまうのです。こんな矛盾した話はないのですが、否定することはできません。道路がよくなり車の性能が向上する。こんなありがたいことはないのですが、残念なことにこれがドライバーの慢心を引き起こすのです。スピードが上がり、注意力が低下する。シートベルトやヘルメットは本来安全運転だけの目的で着用が義務づけられているにもかかわらず、ドライバーの心理はかえって不注意をもたらすのです。まさにここに安全のパラドックスが起こるのです。

安心が失敗を招く

そんなこともあり、昔の人は良いことを言いました。吉田兼好の『徒然草』（一〇九段）にはこんな趣旨のことが書いてあります。

『木登りの名人といわれた男が、人を指図して、高い木に登らせ、梢を切らせたときに、大変危なそうに見える高いところにいる間は何も言わなかったが、軒の高さほどまで下りてきたところで、「けがをするなよ、用心して下りろよ」と声をかけた。

「このくらいの高さになれば、飛び下りようと思えば飛び下りられるのに。なぜそういうのですか」とわたしが聞いたところ、その名人は、「それですよ。目がくらむほどの高さで、枝も折れそうなところでは恐ろしいから、何も言わなくても自分自身で用心します。ですから、こちらは何も注意しません。むしろ、失敗というものは、もう大丈夫だ、安心だという易しいところで、必ず起こるものなんですよ」と言った。けまりでも同じこと。難しいところではうまく蹴り上げた後、もう安心だと思うと、そこでよく落としてしまうものだ』

『徒然草』には他の段にも同じようなことが書かれています。むしろ事故というものは、危機を脱した直後によく起こるのです。ほっとした気の緩みが事故を呼ぶのです。

これはどこでも通用する普遍の真理です。もう大丈夫という安心感が事故を呼んでしまうのです。前述のシートベルトやヘルメットも同じことです。安心感、気の緩みがいかに恐ろしいかを肝に銘じてください。

※6　Kevin Anderson at R2A

第7章 反省と見直し

1 ＰＤＣＡのサイクル

ここまで、リスクマネジメントの方法について、リスクマネジメント方針の確立から始まり、リスクアセスメント、リスクコントロールについて説明してきました。それらのリスクマネジメントのプロセスは、もちろん、それぞれ独立したものではなく、相互の結びつきの中で行われます。さらに、それらは一回行えば終わりではなく、何回も繰り返して行うことが重要であり、その過程で問題点を解明し、必要な改善を行わねばなりません。それは単に担当者が行うだけではなく、常に第三者のチェックを受け、さらに組織の責任者の意思を反映させねばなりません。これらの一連のプロセスをリスクマネジメントプロセスと呼び、**図表4**（一〇二頁）で示したようなサイクルで行います。

この手法については、いろいろな方法が提唱されていますが、ＰＤＣＡのサイクルが最適だと思います。戦後、日本製品が安かろう悪かろうといわれた一九五〇年代、一向に減らない海外からの返品の山に業を煮やした通商産業省が、米国から品質管理の父といわれるＷ・Ｅ・デミング博士を招致し、品質システム改善に取り組み始めました。その際、同博士が紹介したのが、このＰＤＣＡサイクルです。ＰＤＣＡとは、Plan, Do, Check, Actという、事業活動の計画、実施、監視、改善というサイクルを表す英語の頭文字をとったものです。

このＰＤＣＡは、組織全体のＰＤＣＡから、従業員一人ひとりの作業における小さなＰＤＣＡまで様々なレベルで行われます。例えば、組織の場合、最初に組織の方針を決定し（Ｐ）、これをもとに事業活動を行い（Ｄ）、そこにミスやトラブルがないかどうかを点検し（Ｃ）、あればこれを改善する（Ａ）。それに基づき、新たな方針が決定され、さらに事業を継続していく。これを何回も繰り返していく。これをＰＤＣＡのサイクルといいます。

個人生活にもＰＤＣＡ

個人生活の中でもＰＤＣＡは無意識のうちに日常茶飯のように行われています。例えば、学生の就職活動。最高学年になったのに、それまで自分の将来や就職のことをあまり真剣に考えてこなかった。とりあえず、学生間で人気の高い業種から一流大会社数社を選択し（Ｐ）、就職活動を開始した（Ｄ）。幸い、面接までこぎつけ、いろいろ話を聞いていくうちに、評判とはだいぶ違う会社で、自分の適性にも合わないかもしれないと心配になってきた。そこで両親や先生にも相談（Ｃ）をしてみたら、どうも自分の思い違いで、必ずしも自分に適している会社ではないことが分かった。自分が信念なきままに付和雷同していたことを反省し（Ａ）、そ

図表4－2　リスクマネジメントのサイクル（PDCA）

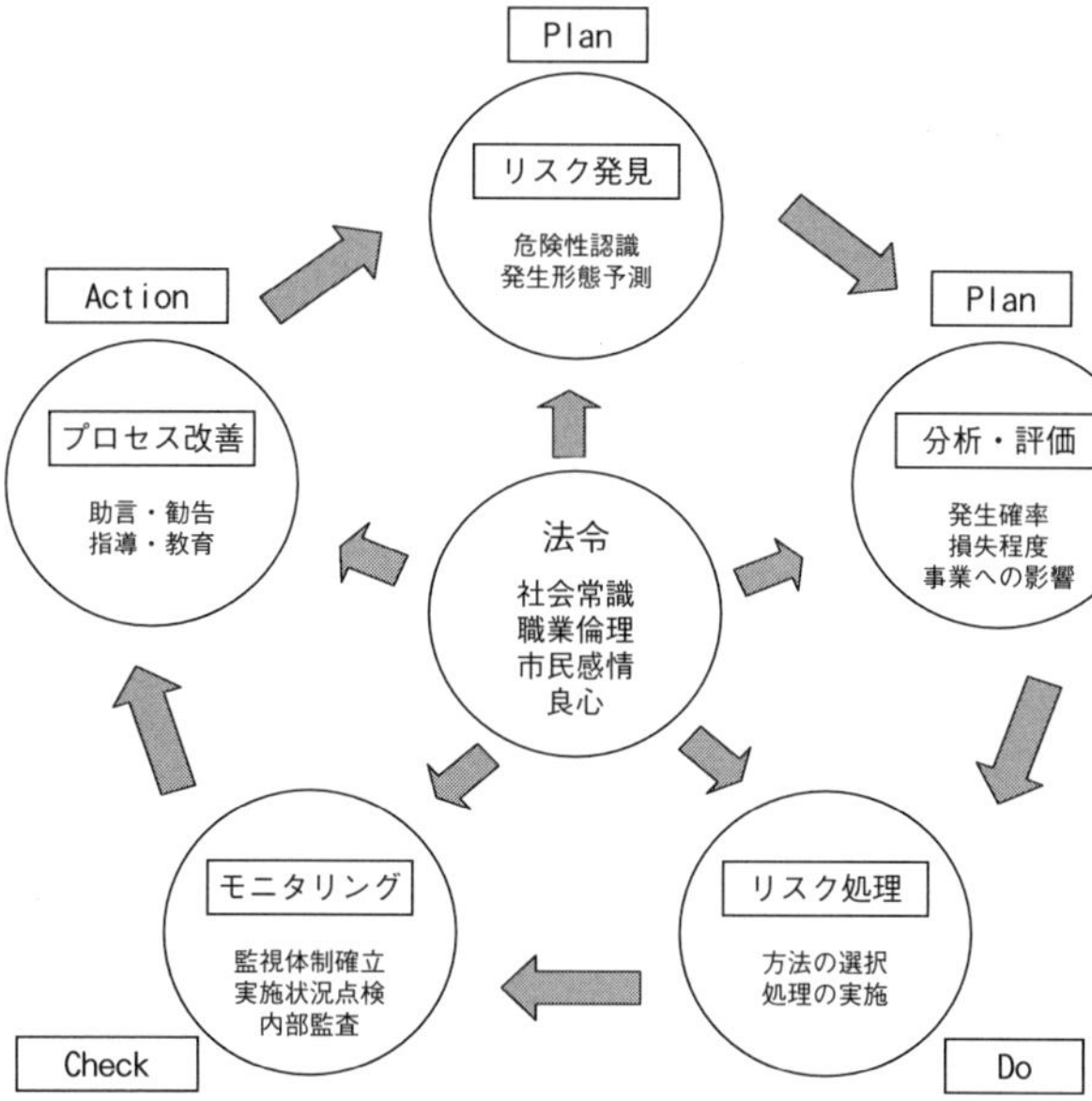

こでもう一度業種の選択からやり直し、自分にふさわしい中堅企業に志望を変えることにした（P）。そして、新たな就職活動を始め、いくつもの会社にアタックした（D）。ところがやはりうまくいかない。そこで、なぜうまくいかないのかをいろいろ反省し（C）、先輩や先生の助言も受けて、自己PR法などを改善し（A）、さらに志望先を絞り込んで再挑戦した（D）。この熱意が通じ、何とか内定にこぎつけた。

このようにPDCAを何回も繰り返していく。このサイクルが大事なのです。この反省と見直しが大事なのです。一回限りで終えてしまうのなら、リスクマネジメントではありません。このような「相談」、「思慮と反省」、「見直し」をモニタリングと改善というのです。思慮と反省なき行動は、知性人の取る道ではありません。

孔子が『論語』の中で繰り返し強調したのは、「過ちて改むるに憚《はばか》ること勿《なか》れ」、「過ちて改めざる、これを過ちと言う」というような言葉です。過ちを犯すことが問題なのではないのです。過ちがあることが分かっていながら、改めないことが問題なのです。他人におかしいところがあったら、それを批判するのではなく自らの反省の材料にせよというのです。「人のふり見てわがふり直せ」と教えているのです。

今まで使ってきたリスクマネジメントの**図表4**（一〇二頁）にＰＤＣＡを付け加えてみますと、**図表4―2**のようになります。

「寄らば大樹の陰」は捨てよう

そもそも就職人気ナンバーワン企業というのはどれだけ意味があるのでしょうか。私の学生時代（一九六〇年代前半）の人気企業といえば、鉄鋼業その他の重化学工業。重厚長大の時代です。給料が一番高かったのは東レ（東洋レーヨン）と帝人（帝国人造絹糸）でした。新幹線開通の年であり、国鉄は高嶺の花で東大法学部の学生でも門前払いの時代でした。日航は赤字で採用停止していました。当時、入社試験に筆記試験を実施したのは、国鉄と朝日新聞だけでした。新聞社が文筆力を問うのは分かりますが、国鉄が筆記試験を実施したのは、まさに落とすだけが目的といわれました。そのくらい難関でした。

その五年ほど前の一九五〇年代後半に証券ブームがきて、「銀行さんさようなら、証券さんこんにちは」と言われたのが一瞬にして過ぎ去り、また銀行の抜きがたい人気が戻っていました。外資系企業とか情報通信業などというものは、眼中にありませんでした。その当時は物づくりと科学技術が最優先の時代でした。それが、現代は、軽薄短小の時代です。ハードよりソフト、製造業よりサービス産業の時代です。

ということを考えれば、どんな良い企業や業界でも二、三〇年経てば、状況は変わるのです。だから、どの会社が良いかなどと考えても始まらないということです。いま大事なことは、どの会社ではありません。どの職業が一番自分を伸ばせるかです。知的職業（知識労働者）が良いと言われます。手に職をつけることが大事です。しかし、それは常に新しい技術についていく覚悟があるときだけです。古い技術などあってもなくても同じです。

これからは、企業の寿命は三〇年、あなたの職業人生は五〇年の時代です。その中には、年金をもらいながらボランティア的な仕事をすることも、あるかもしれません。このような時代にあって、ひとつの会社に生涯勤務するなどとは思わないほうがよいでしょう。今までの日本社会は、社会の変化に合わせて企業自身が変わってきました。従業員の再教育もみな会社の責任で行ってくれました。これからの会社は、今までのようにはいかないでしょう。新しい時代のニーズに合わない技能者は、会社から排除される時代です。そんな中で、学歴が生涯通用すると思ったら大間違いです。いかなる知識、経験も五年で陳腐化する。一〇年前の知識・経験など何の役にも立たないのみならず、かえって邪魔になるかもしれません[※7]。

しかし、今の努力が将来役に立たないわけではありません。変化に対応するということは至難の業です。その中で、目一杯の努力を続けたという経験と自信が将来必ず役立つはずです。特に社会の変化に合わせて自分を改造できる能力。これは大変な才能です。昔は、社会の環境に合わせて自己を変化させることを、カメレオン人間なんて言って蔑《さげす》んだこともありました。それは、まさに今は昔のこと。これからは、社会と環境の状況に応じて変化していけるのは才能です。ただし、これは社会に合わせるであって、人に合わせるではないですよ。いつの時代であっても、相手によって態度をころころ変える人間は、愛されもしなければ尊敬もされません。不易と流行[※8]の識別が求められるのです。

恐竜・マンモスはなぜ滅んだか

今から約六五〇〇万年前恐竜が、そして約一万前マンモスが忽然と地上から姿を消しました。理由はいずれも定かではありません。しかし、一般的に恐竜は、大隕石の地球衝突に伴う地球環境の変化に対応できなかったからといわれています。そして、マンモス絶滅のなぞはいまだ解明されていません。有力な説は、氷河期の到来により寒さに耐えられなかったというのと、逆に温暖化により樹木の生育バランスが崩れ、食料不足に陥ったためという説があります。

いずれであっても明らかなことは、その当時地上最大の動物であった恐竜やマンモスが、環境変化に伴う新しい環境に適応できなかったからだ、ということは間違いありません。そんなこともあり、チャールズ・ダーウィンは適者生存法則という進化論を打ち立てました。簡単にいえば、「強いものが生き延びるわけではない。大きいものが生き残るわけでもない。新しい環境に適したもののみが生き残る」ということです。このような自然淘汰を繰り返すことにより、地球上の動植物は変化成長を遂げてきた。それはこれからも変わらない自然の法則です。あの小動物ゴキブリは三億年前から地上に存在していたそうです。どんな環境の変化にも耐え、生存し続けてきたわけです。私たちも見習わなければなりません。

地上の生き物は、もし神様が創ったものなら、変化するわけがないはずです。しかし、進化を続けていることが明らかな以上、天地創造説は否定せざるを得ません。まさに変化というリスクは神をも覆す力があるのです。幸い、私たち人間には知恵がありますから、この変化に対応する知識も能力も身に付けることができるはずです。

2 モニタリング

制度だけでは機能しないリスクマネジメント

このようにしてリスクマネジメントは、一つひとつのプロセスに従って行われるわけですが、それらが期待されるとおり機能しているかどうか、常にチェックする必要があります。リスクマネジメントは、制度や組織さえ整備すれば足りるわけではありません。

二〇〇五年八月末、米国ニューオリンズを、未曾有の巨大ハリケーン・カトリーナが襲いました。同市のほぼ全域が水没し、一〇〇〇人を超す市民が洪水の犠牲になりました。ここでは、危機管理の事前対応も事後措置も後手にまわり、市民の不満は頂点に達しました。米国には、連邦緊急事態管理庁（FEMA）と呼ばれる、すばらしい危機管理組織があることが知られています。過去に数々の実績があり、世界のリスクマネジメント関係者は、このFEMAから多くのことを学びました。にもかかわらず、ハリケーン・カトリーナでは、この組織がうまく機能しませんでした。

なぜ、このようなことが起こったのか。詳細は、次ページのFEMAに関するコラムを読んでください。結論をいえば、リスクマネジメントは、制度や組織だけで解決するわけではないのです。指揮官のセンスの問題なのです。阪神・淡路大震災では村山総理の遅い対応が問題になりました。あれだけの大災害ですから、総理は一刻も早くテレビで国民の前に登場し、政府が陣頭に立って災害復興に努力するから、被災者も頑張ってほしいと呼びかけねばならなかったのです。国民の耳には災害発生報道と対策報道を同時に届けねばならないのです。不安多き社会だからこそ必須の課題なのです。それが国民の不安を除去する方法なのです。それが指導者の責任です。

二〇〇五年七月、東京を震度5強の地震が襲いました。震災多発都市として東京都は、多角的な備えをしています。その一環として、都庁の近くに災害対策担当職員用住宅を設置し、五〇人もの都職員を居住待機させ、有事に自動的に出勤することを義務づけていたにもかかわらず、半数以上の職員が参集に応じなかったそうです。ですから制度を作ったからといって、そのとき、機能するとは限らないのです。だからこそ、モニタリングが必要なのです。

コラム

米国連邦緊急事態管理庁（FEMA）

災害が多いのは日本だけではありません。また、その都度、被災者救済活動の対応に遅れ、世論の厳しい批判を浴びるのも万国共通の現象です。しかし、国情により批判の程度に差がみられます。その中でも市民主役民主主義の先進国・米国では、市民はそのことを黙って忍び耐えるようなことはしません。厳しい批判をぶつけます。

広大な国土を有する米国は、洪水、ハリケーン、地震、竜巻、山火事などの災害の発生に悩まされ続けてきました。これは、建国以来一貫しています。そのため、州や自治体レベルで各種支援機関が設置され、また、民間レベルでのボランティア救済活動も盛んに行われます。それだけでは十分でないため、連邦政府レベルでも多数の災害対策のための機関が設置されました。しかし、いざとなると、横の連絡が悪かったり、対応が間違ったりして、政府への批判が高まりました。

そのような批判を受け、一九七九年カーター大統領は、連邦政府内にすでに設置されていた災害対応部局を拡大充実させ、さらにそれらを統合する機関として、連邦緊急事態管理庁（Federal Emergency Management Agency、ＦＥＭＡ）を設置しました。

就任以来、同大統領にとっては御難続きでした。就任式直後の一九七七年冬、米国史上初といわれるほどの異常寒波が襲来し、ニューヨークでは氷点下四〇度を記録し、猛吹雪の中で立ち往生した自動車の中で二〇人以上が凍死し、電力使用の急増でエネルギー危機に直面しました。幾つかの州では、非常事態宣言を発出するほどでした。それが収まったら次にマイアミで、亡命キューバ人の受け入れを巡って暴動状態になりました。これにも大変てこずりました。

ニューヨークの大停電もありました。七七年の夏、落雷がきっかけで停電は三日間も続きました。何でも電力に頼るようなことをしているから、停電も大事件になるのです。日本のビルはどの窓も自分で開けることができますが、米国は完全エアコンですから、各人が勝手に窓を開くことなどできません。それこそまさにパニック状態になりました。すべてに完璧を期そうとする米国の弱点は、どこかに想定外のことが起こると全部が機能しなくなることです。

あれやこれやの事件が続く中で、スリーマイルアイランド原子力発電所の放射能漏れ事件が発生したのです。一九七九年三月のことです。それまでも事件の都度、大統領の対応のまずさがマスコミの批判を呼び、支持率を下げていましたから、政権としてもこの危機を回避するためにも大胆な対策が必要だったわけです。

ＦＥＭＡは、自然災害から核戦争、国家安全保障に至るまで、すべての緊急事態に関し、災害から市民の生命財産を守ることを任務とし、事前の緊急時対応計画の策定、予防対策、備蓄から、緊急時の救援活動、復旧支援に至る計画と実施のための機関です。昔なら、市民生活に関することは地域社会で解決させるべきであり、被災者救済のような仕事は、本来、州や自治体の任務でした。連邦政府が直接関与するというようなことはありませんでした。憲法上もそのことは明言されています。

したがって、連邦政府としてできることは、せいぜい自治体が住民救援活動を円滑に行えるよう、側面から支援することだけです。そのためＦＥＭＡの任務も住民直接支援ではなく、州や自治体が住民救援活動をしやすいよう、助言、支援、調整、備蓄などに限られています。この任務を遂行するため、ＦＥＭＡには、二〇〇〇年当時、二五〇〇人の正職員、四〇〇〇人の予備職員を擁し、年間四〇億ドルの予算を使っています。

しかし、法律上どうなっていようと、大規模災害のような緊急事態における救援業務は、そもそも、だれの権限とか責任という話ではありません。その能力と意欲を持っているものが一番活躍できるのです。やろうと思えばなんだってできるのです。それが危機管理の危機管理たるゆえんです。事実、FEMAは、一九九三年ミズーリ河大洪水、一九九四年ロサンゼルスを襲ったノースリッジ地震、一九九七年オクラホマシティ連邦政府ビル爆破事件などで大活躍し、米国市民にその存在を強く印象づけました。

このような大活躍の話は、日本にもすぐに伝えられ、大量の役人、研究者、マスコミがFEMA詣を始めました。日本もこの組織を見習おうというのです。そのような活躍もありましたが、他方で、このような膨大な予算を使っていること、しかもその大半は被災者救済費用であることから、連邦政府がこのような予算支出を続けることが妥当なのかという批判が強くなりました。「のどもと過ぎれば熱さを忘れる」というように、災害が少し遠のくとすぐこういう議論がわき起こります。日本円で五〇〇〇億円相当の予算というのは、財政危機の米国では、さすが負担が大きすぎるのです。また、自己責任原則の強い米国ならではの議論です。法律論としてもこれが正論なのです。

その議論の最中に、起こったのが二〇〇一年九月一一日の同時多発テロでした。米国市民に大変なショックを与えました。米国本土が外国から襲われる。米国市民の夢想だにしなかったことが起こったのです。ブッシュ大統領は再びこのようなテロを発生させないようにと多角的な検討を開始しました。その一環として、二〇〇三年一月FEMAを改組し、それまで政府内の独立機関であったものを、新設の国家安全保障省の一部門とし、その任務も、それまでの災害対策中心からテロ対策中心にシフトしました。そのため、災害対策機関としてのFEMAは著しく弱体化しました。民主党がつくったFEMAを共和党政権が拒否したのです。

それから二年半後の二〇〇五年八月、ハリケーン・カトリーナがニューオリンズ市を襲ったのです。上陸前から史上最大のハリケーンであることは分かっていました。市内の八〇パーセントが水没するという米国史上でも未曾有の大災害です。にもかかわらず、FEMAは立ち上がりも遅く、ほとんど機能しませんでした。一〇〇〇人を超す犠牲者の発生を考えると、遺族や被災者の怒りは収まりそうもありません。ブッシュ大統領は直ちにFEMAの長官を罷免することにより、批判の拡大を抑えようと躍起になりました。

FEMAが期待どおりには機能しなかった理由についてはいろいろ考えられます。二〇〇三年の改組の後、新たに任命された、FEMAの長官以下の最高幹部八人のうち五人までが、災害対策の未経験者であったこと、それに嫌気が差した一〇〇人以上のベテラン職員が退職して、組織を去ったことなどが指摘されています。しかし、私には、いかなる組織も想定の範囲内のことなら対応できるが、その想定を超えるような事態には対応できないという、組織にありがちな問題だと思います。このケースもその欠陥を露呈してしまったのだと思います。非常事態対応組織であるFEMAも、この時、ただの平凡な組織に戻ってしまっていたのです。

もうひとつは、やはり指揮官の問題です。想定外の事態にどう対応するか、それが危機管理である以上、想定外だ、予想を超える大事態だというのは、やはりおかしいのです。それに備えるのが危機管理専門家の仕事なのですから。ということになると、このケースは組織が問題なのではないのです。担当者とりわけ指揮官の見識、能力が問題だったのです。そこに人を得ないかぎり、組織は所詮、「絵に描いた餅」にすぎないのです。これがFEMAが与えてくれた教訓でした。

現在、わが国でも危機管理が脚光を浴び、政府機関、地方自治体、企業はもちろん病院から大学まであらゆる組織で、リスクマネジメント・危機管理の組織が次々と設立されています。事件事故の都度、マスコミから厳しい批判を浴びますから関係者は必死です。このようにして、大きな期待を担って作られた組織や制度も、どの程度機能するかは、あまり楽観的に考えないほうがよいでしょう。FEMAのような組織でさえ、あれだけの失敗をする。同じような失敗をわが国でも繰り返し、国民の失望と叱責を買うことにならないか心配でなりません。

期待が大きければ大きいほど、市民の失望は激怒に変わるのです。社会保険庁の実情がそれをよく物語っています。危機管理の決め手は組織や制度ではありません。最後は人です。ここに人を得ないと「仏作って魂を入れず」に終わってしまいます。

すべて思いどおりにはいかない

ＦＥＭＡの教訓からも分かるとおり、高度な頭脳を持ち、そのコントロール下で統率の取れた行動のできる組織は、頭脳がしっかりしているときは見事に機能します。しかし、想定外の事態で混乱した現場には向きません。中枢頭脳が狂えば無用の長物と化します。下部機構は常に中枢からの適切な指令がくることを前提に組み立てられているからです。それは人間の体と全く同じです。病気やけがのとき、体調の悪いとき、体力が衰えているときなどは正常に機能しません。年を取れば若いときのようには体は動きません。

したがって、混乱のときはクラゲのように中枢神経を持たず、分散型の神経系の組織のほうが状況に応じて現場対応でき、危機管理に向いていることがあります。しかし、クラゲのような散在神経系の欠点は中枢がないがゆえに平素はバラバラで、ちょっとしたことですぐにほころびが出てしまうことです。また、現場不統一が生ずることです。小さなほころびなど気にする必要はないのですが、それができないのが人間の悲しい性です。特に行政組織などはマスコミの批判を受けたらひとたまりもありません。したがって、現場に任せて任せず、現場の裁量の余地を大きくしながら、全体の整合性を図るという至難の業が求められるのです。

とりわけ大企業のリスクマネジメントというのは、言うなれば満場の衆人環視下で行われる芝居のようなものであり、そこでの最大の観客はマスコミという人のミスを指摘することを任務としていますから、ちょっとしたミスでも大騒ぎされますので、すべて現場任せというわけにはいかないことも事実です。とりわけ現場の不統一というのはマスコミにとって最も批判しやすい事象であることも間違いありません。したがって、どう転んでも世間の猛批判を浴びるものなのだという覚悟も必要なのです。

もうひとつ、心しなければならないことは、どんな組織であろうと長期間同じ状態が続くと必ず制度疲労を起こすことです。だからこそ、リスクマネジメントでは常に組織を改め、人を入れ替えることが必要なのです。そして、絶えず外部の厳しい批判に晒《さら》すことが必要なのです。

モニタリングはだれが何のために行うのか

社会の変化とともにリスクは常に変化します。担当者も絶えず交代します。そこで組織は、現行のリスク評価やリスクマネジメントの体制が、新しいリスク環境に適切に機能するかどうか、あらゆる角度からの点検が必要なのです。このようにして、組織は絶えず点検を繰り返すことが必要です。それは自動車に車検があるのと同じです。自主点検はもちろん必要ですが、それだけでは十分でありません。岡目八目といいますように、第三者的な感覚で事象を見ない限り、問題点はなかなか出てきません。そのような理由で、モニタリングは、通常、リスクマネジメント現場担当者が自ら行うものではなく、会社経営者・組織責任者、監査役・監事のような、平素、リスクマネジメントを直接担当していない人が行うのが普通です。

もちろん、組織のリスクマネジメント最高責任者が自ら、傘下のリスクマネジメント体制が、きちんと機能しているかどうかをチェックするのもモニタリングのひとつです。いずれであっても、第三者的な立場に立ち大所高所から点検を行い、問題の所在を発見し助言を受けることが必要なのです。

しかし、モニタリングは、現場の人のためだけに行うものではありません。むしろ、組織責任者として現場の実態を知り、問題の所在を知ることが必要なのです。そういう意味でモニタリングは、他人の仕事をチェックしているのではなく、自分自身の本来業務でもあるのです。いざというとき出動し、自ら問題に対応するのは、上司たるものの本来業務だからです。

万一のとき役立たないような人は上司ではありません。平素、部下に仕事を押しつけておきながら、いざというとき何の役にも立たない。そんな人の言うことをだれが聞くでしょう。いざというときこそ力を発揮してくれる人でなければ存在価値などありません。その信頼感と安心感があって初めて、現場は一騎当千の思いで仕事に邁進できるのです。

外部監査の受け入れ

このように説明するとお分かりのように、モニタリングは、本来、組織の上司、管理者、責任者、経営者といわれる人たちの仕事です。しかし、いかに現場の実態を知ることが重要だからといって、そればかりに専念しているわけにはいきません。そこで大きな組織では必ず、平素、内部監査を専門に行う担当部署を設置し、そこに具体的な指示を与えながら、組織内の実態をチェックさせていきます。

しかし、これだけでは十分ではありません。さらに、外部からの監査も絶えず受け入れることが必要です。大企業は会社法等により監査法人による会計監査が義務づけられていますが、他の分野についても同様な外部監査を必要とします。最近は、ＩＴ分野には、情報セキュリティ監査機関もたくさんありますから、これらを積極的に受け入れることが不可欠のこととなりました。

組織としてこのような制度的な定期点検も重要ですが、それだけで満足せず、小さな事件が起こったとき、その機会をとらえ、その事件が大きな問題に発展したらどう対応すべきかを具体的に検討してみる。あるいは、他社の事件について他山の石として検討してみるのも、モニタリングとして現実的な方法です。

モニタリングの結果はすべて、取締役会、理事会などの組織の最高機関に報告することが必要です。これにより組織の責任者は常に、組織のリスクとその対応体制および問題点を、正しく認識することが求められるからです。
モニタリングの対象、方法と能力、尺度については、**別表**を参考にしてください。

別表

モニタリングの対象

新しい状況にふさわしい評価となっているか。
リスクにふさわしいリスクマネジメント体制が構築されているか。
組織構成員に対する教育は適切に行われているか。
変化に敏感でリスク感性に優れた人員の養成ができているか。
リスクコミュニケーション能力を備えているか。
公表すべきものはきちんと公表しているか。

モニタリングの方法と能力

リスクマネジメントできれいごとはタブーです。
リスクマネジメントの体制が実効性のあるものになっているか。
これらはすべて形式的にではなく、実質的に行わねばなりません。

要員は、計画を実行するだけの能力と意欲を有しているか。

モニタリングの尺度

リスクマネジメント方針に従っているか。
社会の常識にかなっているか。
法令を順守しているか。
市民感情を満足させうるか。
社会の変化に合っているか。

状況の制度化を防止する

リスクマネジメントとは、本来、通常の業務が予定どおり機能しない場合、どのように対応すべきかということです。どんな立派な制度を作っても、予定とは違った形で機能することもあります。そこに危険が潜んでいます。制度が生まれるにはそれなりの理由があったはずですから、制度と実態がどのように食い違ってきているか、その違いをチェックする必要があるのです。

逆にいえば、リスクマネジメントとは、本来、制度ではありません。にもかかわらず、リスクマネジメントが制度のように固定化すると、そこに新たなリスクが生まれます。監査役が長期在勤し、毎年同じ監査を繰り返した。そのため、全部署が監査役監査に合わせた仕事のやり方に変わった。まさに監査という非日常的な状況が制度を作ってしまうのです。そこに生まれるマンネリ化が恐ろしいのです。

リスクマネジメントに伝統は不要です。絶えず改変していく。これがリスクマネジメントの宿命です。担当者を絶えず入れ替えるのは当然であり、それ自身がモニタリング効果を発揮します。また、他部署のリスクマネジメント担当者にチェックさせる。交互にそれを行うことにより、リスクマネジメント能力を高めあうのも現実にかなった良い方法です。

最近、公認会計士の不祥事が話題になりました。二〇〇五年九月、倒産企業の整理の過程で粉飾決算の事実が明らかになり、日本有数の監査法人がかかわっていることが明らかになりました。粉飾を見逃していただけでなく、粉飾方法の指導助言までしていたというのですから、これでは何のための監査か分かりません。社外監査は会社法により義務づけられているわけですが、同一監査法人に一〇年以上委嘱し続けている企業が存在することが明らかになりました。これはまさに株主と社会を裏切る行為です。

長期契約が絶対悪というわけではありません。いくら社外監査であっても会社の実情が全く分からない人の監査では、非能率なばかりで実効ある監査など不可能でしょう。企業や組織にはそれぞれ固有のすばらしい伝統や文化があります。その伝統・文化が従業員に誇りと使命感を与え、社会と組織を結びつけているのであり、効率的な仕事の基盤となるのです。それを否定して、どこにも共通の文化や価値観ばかり押しつけることが正しいわけがありません。問題は、長期契約によりマンネリ化すること、そして、社会的期待に反することを容認することが問題なのです。

リスクマネジメントは組織や制度を作ることが目的ではありません。リスクを隠すことが目的でもありません。本来の業務が健全に行われることをチェックし、最適な経営方法を確立することが目的です。そのためにも、絶えず別の角度・視座からチェックが行われるようにしなければなりません。同一体制でリスクマネジメントを行う。その結果、リスクマネジメント業務がワンパターン化する。それこそリスクの最たるものです。

3 小事故の裏に潜む大事件

小さな事件を社内訓練に活用する

モニタリングの重要性や方法について述べてきました。そして、ワンパターン化することによるモニタリングの形骸化のおそれについて、くどいほど説明をしてきました。このような説明からお分かりのように、リスクマネジメントで大事なことは、定期点検のような制度を設けても、それだけで決して満足せず、あらゆる機会を見つけては、あの角度この角度と異なった視点から問題点を観察し、その都度、関係者に新鮮な問題提起をすることにより初心[※9]にかえることです。

防火訓練とか地震避難訓練は、どの会社も熱心に取り組んでいます。中には関係者の協力を得やすくするために事前に日時からシナリオまで細かく打ち合わせ、関係者に周知徹底した上で訓練を実施しているところがあります。それではどちらもマンネリ化し緊張感がなくなります。重要な業務を抱えている人や来客中の人は除外する。参加している人も、同僚と談笑しながら、楽しそうに避難する。これでは本当の訓練になりません。

ところが、ある会社であるとき天井から白煙が噴き出したため、火災報知機が作動し大騒ぎになりました。直ちに来客を含め全員が屋外退去し、消防自動車やパトカーも出動しました。結果としてボヤで済みました。しかし、ここではたくさんの反省教訓がありました。廊下に製品が山積みされていた。非常口に鍵がかかっていた。このような信じられない問題もありました。同社では問題を一つひとつ整理し、有事体制の抜本的見直しを行いました。これも訓練、実態点検だと思えばムダではありません。

このように社内で小さな事件が起こったとき、そのチャンスを利用して問題が大きく発展したらどう対応すべきかを、具体的に検討してみることは良い方法です。これは極めて現実的な方法です。小事件の当事者は、大騒ぎされたといって迷惑がりますが、社内訓練・シミュレーションの場を提供したと考えれば、そんなに困る話ではありません。

そのほかにも、他社で事件が発生したとき、それを他山の石として自社で同じ問題が発生していないかどうか点検することです。新聞やテレビで他社の不祥事が報道されたとき、必ず自社に置き換えて考え、検討してみる。昔から日本人には「他人の不幸はわが幸せ」とせせら笑う悪しき慣習がありました。そんなことをしていると、次に同じ不幸が自分を襲うのですよ。

ハインリッヒの法則

ハインリッヒの法則というのを聞いたことがあると思います。米国の保険会社に勤務する、H・W・ハインリッヒという研究者が、たくさんの労働災害事例を分析研究し、「一つの大きな災害事故の陰には、同じような原因で発生したが、幸い軽傷で済んだ小さな事故が二九件発生し、さらに、その背後にはけがこそしていないが、ヒヤリとしたり、ハッとしたはずの三〇〇件が潜んでいる」という仮説を打ち立てました。この仮説はハインリッヒの法則といわれ、産業災害だけでなく、およそ人間生活のすべての事象に当てはまります。

だれでも自動車を運転していれば、ヒヤリとしたりハッとして冷や汗が流れるような経験をしているはずです。どんな場合でも同じです。ある意味で事故は確率現象なのです。交通安全協会は「あのヒヤッとした一瞬を忘れるな」と交通事故防止を呼びかけています。だからこそ、ヒヤッとした経験をしたとき同じようなことをしていたら、いずれ大事故になると自己を戒め慎重運転を心がければ、事故確率はずっと下がります。それでも、事故を皆無にすることはできません。その謙虚さも忘れないでください。

ヒヤリハットで事故防止

このようなことで産業界では、従業員から広くそれぞれがヒヤリとした一瞬、ハッとして冷や汗を流した体験を集め、みなの共通の教訓として残そうとする運動が各社に広がっています。それに最も熱心なのは医療の世界です。一人ひとりでは、それほどたくさんの経験を積むことはできません。しかし、たくさんの患者さんや年寄りをお預かりしている病院では、不注意による事故が起こらないよう、懸命な努力が重ねられています。

職場だけではありません。私たちの生活の周りを見回しても、危険なものは無数にあります。例えば、

- 何かに夢中になっていて赤信号であることに気がつかず横断歩道を渡りかけ、自動車の急ブレーキの音で気がついた。
- 段差のある廊下で年寄りがつまずき転んだ。危うく骨折するところだった。直ちに修理しない限りだれかがけがをする。
- りんごの箱を持ち上げようとして腰をひねった。危うくぎっくり腰になるところだった。
- 塩素系漂白剤の容器に間違えて酸性洗浄剤を入れてしまった。異臭に気がつき、すぐに窓を開けて危うく難を逃れた。

・重い荷物を持って階段を下りてきた時、サンダルが破れ、危うく転倒するところだった。

というように枚挙にいとまがないほどです。

このようなニアミスを、みなが率直に話し合えればよいのですが、いざとなると失敗経験を話し合うことは容易ではありません。他の人にも役立つと思えばこそ率直に告白しても、他人はあいつはドジだからぐらいにしか考えてくれない。うっかりすると叱られるだけということになれば、だれも本当のことを話そうとしなくなります。

だからこそ、本音で率直に話し合える職場や環境を作ることが、リスク担当者の力量なのです。そして、みなのリスク感性を磨きあげることが必要なのです。

4　プロセスの見直しと改善

モニタリングをしたら、それで終わりではありません。モニタリングの結果、判明した問題点をさらに分析検討し、必要な助言・勧告を行うとともに、指導助言の実施など、是正と改善のための措置を講じなければなりません。そして、さらに関係者に対する再教育や訓練を実施します。

改善というのはある意味で垢落としであり、積年にわたって組織に堆積したヘドロを取り除く作業ですから、困難を極めることもあります。モニタリングを実施する人は実務担当者ではありませんので、岡目八目的な立場で実態を観察し、適切な助言をしてくれても、組織はこれを容易には受け付けません。改善活動は医者の医療行為と同じです。本人にふさわしい医療を施さなければ成功はおぼつかないものとなります。助言勧告を受けた際も、もう一度、組織の体質に合った制度かどうかの確認が必要です。

医療には内科治療もあれば外科手術もあります。漢方薬で時間をかけてゆっくり治すこともあれば、大手術を施すこともあります。たくさんの薬が開発され、医療技術や機材が進歩したお陰で、かつては死の病といわれたような難病ですら治療が可能になり、多くの難病患者に朗報をもたらしました。それでも医療は医者の能力だけでは解決しません。患者の体力と気力が十分でない限り医療は成功しません。外科手術の場合、輸血は血液型が違ったら、全く受け付けません。臓器移植では移植手術そのものは成功しても難しいのは後の拒絶反応対策です。また、体力のない人に大手術は容易ではありません。長時間の大手術に持ちこたえられないからです。さらに、本人自身に治そうという意欲のない場合、医者はお手上げです。最後は本人次第なのですから。

この説明からもお分かりのように、助言勧告を受けた際は、それをそのまま現場へ下ろすのではなく、リスクマネジメントの立場からもう一度咀嚼《そしゃく》し、組織にふさわしいものにかみ砕いた上で、指導、教育、訓練などに落とし込んでいくことが必要です。

いずれにせよ、モニタリングで指摘された問題は必ず正式に検討され、組織のしかるべき人に、報告を義務づけなければなりません。例えば、監査役によって指摘された事項は、必ず監査役会および取締役会に報告することにする。これを行わない限り、実効性のあるモニタリングなど不可能になります。

なお、プロセス改善は、モニタリングの結果に基づくものとは限りません。リスクマネジメント担当者の判断によるものもあれば、現場の通常実務担当者の判断によるものもあります。むしろ件数的には後者のほうがずっと多いはずです。

改善されたプロセスについては、もう一度、ＰＤＣＡサイクルの最初に戻り、実行されていきます。その過程で関係者に助言勧告をする。実務担当者に対し指導・再教育がなされるのは当然の帰結です。

5　個人生活の監査・改善

リスクマネジメントは通常、組織で行うことを念頭に考えられています。リスクマネジメントで重要なことは繰り返し述べるように、何回も反省し検討をし直すことですが、会社のような組織で再検討することと、個人で行うのでは、どうしても手法が異なってきます。それは、個人生活の中では組織のように、第三者が客観的かつ冷静に事態を分析することができないからです。しかし、個人生活であっても岡目八目的な客観的かつ冷静な分析は不可欠です。そこ

図表４－３　リスクマネジメントのサイクル（個人生活）

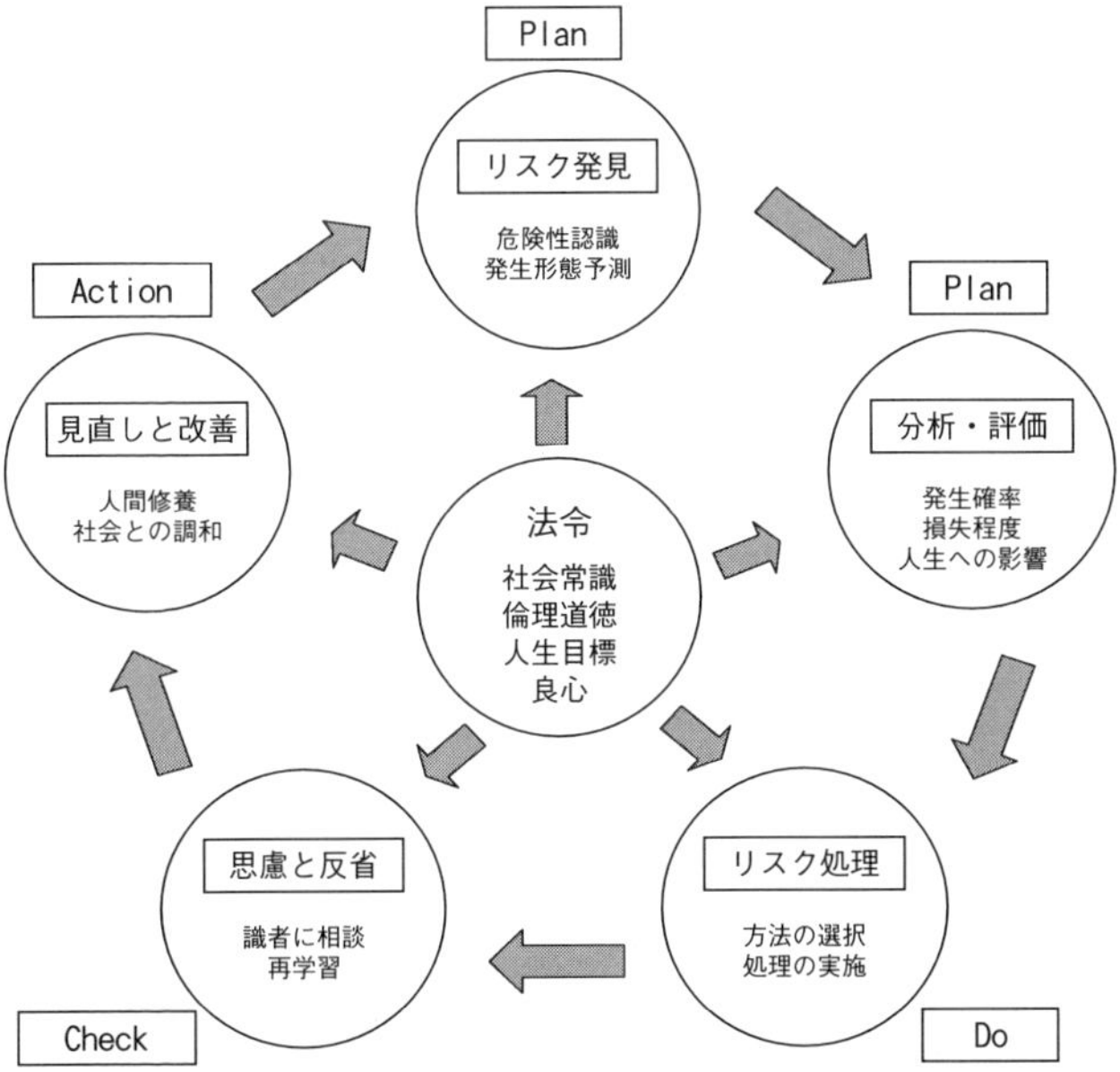

で**図表４―３**のような個人生活を念頭に置いたサイクル図を掲げてみました。参考にしてください。

組織の場合、その業務を直接担当していない、第三者や外部の人による監査やモニタリングが期待できます。しかし、個人生活の場合、組織のように第三者による客観的な評価など期待することはできません。しかし、していることに間違いや非能率があったりすることは、個人であろうと組織であろうと、変わりはありません。むしろ、個人生活のほうが間違いの可能性は大きいかもしれません。だからこそ、常に自己のしていることを客観的に評価し方向を是正してくれるシステムを、自己の中に内包させておくことが必要なのです。

その方法として昔からいわれている最適な方法は、やはり良き友を持つことです。ことわざに「人のふり見て我がふり直せ」というのがありますが、それを自分の立場に立って最も好意的にしてくれるのが友人です。監査で大事なことは、行われていることを客観的に評価するだけではありません。行っている人の環境、能力、目標・願望なども併せて考えねばなりません。それが最もよく分かり、それらを総合的に判断して助言してくれるのが良き友です。だからこそ、昔から友を選べ、良き友を持てとやかましく言うのです。助言できる能力もない人を、いくらたくさん友人として持っていても何も役に立ちません。しかし、いくらよい話を聞いても最後の決め手は自分自身です。それは自己改善しかないからです。

違う価値観に接する

このほかに、自己監査の方法として有益なのは読書をすること、先輩の話や有識者の講演を聞くことです。テレビも番組を選べば、よき情報を提供してくれます。職場の違う学生時代の友人と酒を酌み交わし、意見の交換をすることも有益です。外国旅行をして違う価値観、行動生活様式のものに触れるのも有益です。外国生活ができれば、さらに良いでしょう。転職経験のある人とない人で、仕事や職場に対する感覚が違うことはよく知られています。

私は、二〇代半ばに警察庁から外務省に出向したときのカルチャーショックを、いまだに忘れることができません。同じ公務員でありながら、職場が違えば風土・文化が大きく違うことを痛感しました。それは、任務や担当する法律が違うだけではありません。文書の書き方、旅費・消耗品の請求の仕方、上司部下の関係、勤務時間に対する感覚など、同じ公務員とは思えないほど大きな差がありました。海外生活ではもっと多くのことを学びました。

このようにして、早くから違う文化・価値観に触れ、外から自己を客観的に見てみれば人生は大きく変わり、多様性を受容する幅広い人間に成長することも可能です。

それでもいざとなると、改革・改善には大きな差が出てきます。問題があることは分かっている。一生懸命改善の努力をする。それなのに改善がうまくいく人といかない人の差があります。なぜ改革に失敗するのか。それはきれいごとに終始するからです。中途半端だからです。そのため、本人は改革したつもりになっているが、傍から見ると何ら変わっていないなんてことが起こるのです。その場合は改革しなかったより、もっと悪い結果が生まれることさえあります。自覚が足りないからです。

裸の王様になるな

組織の場合、現場の情報はなかなか上にまで届きません。不祥事の都度、問題になるのは現場は知っていた。知らないのはトップだけ。こんな話がいつも出てきます。まさに裸の王様です。だれだって得にならないことはしません。いらんことを言って嫌われるようなことは、したくありません。アンデルセンの童話『裸の王様』は、見事に人の心の奥底を見抜いています。新しい服が大好きな王様。人のよい家来たちは王様の趣味にいちいち文句など言いません。そこに詐欺師の仕立て屋がやってきて、頭のよい人にしか見えないすばらしい服を作ると触れ込む。王様はすっかり喜んでしまい早速注文。家来たちは途中で何回も仕事場をのぞいたが、服なんか見えない。しかし、バカだと思われたくないから、それぞれがすばらしいと褒めそやす。王様は忠義な家来たちがそろって褒めるから自分だけ見えないとも言えず、それを着てパレードに臨む。しかし、子供は正直。「王様は裸だよ」と。こんなことは、会社ではよくあります。社長があまりにはっきり結論を言うから、だれも反対できず方針決定。後で大失敗。IT時代の技術の中には、よく分からない話がたくさんあります。それなのに分かったふりをして失敗。

情報化時代に必要なことは、分からないことに分かったふりをしないこと。現場の情報が上まで上がらなかったではないのです。上がってきているのだけれど、それのどこに問題があるかを理解する能力がないのです。それを聞く耳を持たないのです。理解しようとしないのです。だから、下は上に情報を上げないのです。それが会社をつぶすことになるのです。

※7　この段落はドラッカーの所論を参考にしました。

※8　不易流行　不易とはいつの時代にも変わらないこと、世の中がどんなに変化しても絶対に変わら

ない、変えてはいけない「不変の真理」を意味します。それに対し、流行とは変わるもの、社会や状況の変化に従ってどんどん変わっていくものをいいます。この言葉は、俳句を芸術として確立した松尾芭蕉が使った言葉です。「不変の真理を知らなければ基礎が確立せず、変化を知らなければ新たな進展はない」と言い、不変と流行を両立させることの重要性を説きました。今、一時の流行ばかりに目を奪われ、永遠の真理を忘れてしまう人が多すぎることが、問題なのです。また、過去の慣習を伝統の名の下に無批判に踏襲し、新たなものをすべて拒絶する頑迷固陋《がんめいころう》から、目を覚まさねばならないのです。

※9　初心というと、初志貫徹のように、「最初に思い立った考え」、「最初の決心」という意味で使われることが多いし、辞書にもそのように書かれています。しかし、ここでは、初心とは、「物事を習い始めで未熟な者の持つ謙虚な気持ち」という意味です。能楽を芸術として大成させた世阿弥は、「初心忘るべからず」と繰り返し強調し、何歳になろうと、何年その道を経験していようと、いつも新人としての謙虚さが求められると、口すっぱく説いています。リスクマネジメントでは、つねにこの「終生新人」の気持ちを持つことが不可欠であり、この気持ちを失ったとき、起こさないでよい事故が起こるのです。

第三部　対話と自己責任

人間社会はひとりでは生きられません。何をしようとしても、他人との関係を考えないわけにはいきません。本書では、繰り返し、リスクを取ることの重要性について述べてきました。しかし、リスクの被害は自分だけで済むものではありません。その被害が他人にもすぐ及ぶ。これが現代社会の特徴です。したがって、リスクを取る際の他人の迷惑も考えないわけにはいかないのです。

いかに自由な社会とはいえ、何をやってもよいというわけではありません。常に、社会全体の利益を考え、他人の迷惑にならないよう、十分配慮をすることが求められます。かといって、他人の迷惑になるから、何もできないというわけでもありません。そんなことをしていたら、また昔の不自由な社会に逆戻りしてしまいます。

社会全体としても、個人の自由を認める代償として、ある程度の迷惑を受忍する寛容さが求められます。これが近代自由社会の特徴です。それなしには、真の自由など実現するわけがありません。そんなことで、第三部では、個人の自由と他人の利害との調和を、どのようにとるべきかについて考察します。

その方法のひとつとして、リスクコミュニケーションがあるのです。最近、リスクマネジメントの世界でリスクコミュニケーションが、急速に注目を浴びるようになりました。近年、あまた発生する企業不祥事を見ると、ほとんどが、リスクコミュニケーションの失敗に起因するといっても、過言ではありません。そのくらい重要性を増しています。それは社会が大きく変わってきたからです。二一世紀はまさに、あらゆる意味で市民主役の社会です。その変化を正しく認識できていないところで企業不祥事が発生し、拡大するのです。

そのように考えれば、リスクコミュニケーションは、人間社会のすべての局面において重要なことですが、ここでは最初に主として企業社会において、リスクコミュニケーションはどうあるべきか、市民の立場としてどう参画すべきか、という見地から述べていきます。さらに、それを具体的に検証するために、原子力発電を例に挙げて説明をします。しかし、リスク社会においては、組織だけに責任があるわけではありません。すべての構成員に等しく責任があります。自由な社会においては、その自由を行使するすべての人に、その自由に伴う義務と責任があるのです。そこにおける自己責任について述べます。

第8章 リスクコミュニケーション

1　市民意識の変化

リスクと共存する社会

一昔前には、リスクマネジメントや危機管理の中で、リスクコミュニケーションの問題が取り上げられることなど、ほとんどありませんでした。それは、日本に限らず世界共通の現象です。ところが、東西冷戦が終結した一九九〇年ぐらいから急速に注目を浴びるようになりました。まさに市民主役社会の到来です。時代が大きく変わったことを強く感じさせられます。考えてみれば、リスクコミュニケーションの問題は、昔からあったはずです。それなのに、なぜ近年、この問題がクローズアップされるようになったのでしょうか。そのことを考察してみたいと思います。

ここまで何回も説明してきましたが、現代社会はリスク社会といわれるほど、無数のリスクがあります。単にそれが危険であり、有害なだけだったら、みなで除去に努めればいいわけです。ところが、リスクとベネフィットの項でも説明したとおり、多くの場合、リスクがあるといっても、同時に便利さなど社会的利益があり、両者が共存していることです。手術をすれば、難病も治るかもしれないけど、死の危険もあります。麻酔の副作用があるかもしれません。原子力発電には放射能の危険があります。エアコンや冷蔵庫用の冷媒フロンは、オゾン層を破壊します。家庭ごみの焼却炉から出る排出ガスには、ダイオキシンの問題がありますo これらの問題の多くは、環境や人の健康にかかわる問題であり、科学の進歩によって発生した問題です。

科学技術の発達により、人間生活の幅は大きく広がりました。それと同時に多くのリスクを抱えるようになりました。しかし、原子力が怖いからといっても、他の発電手段にもいずれもいろいろな弊害があります。発電方法としては、水力、火力、風力、太陽熱などいろいろな方法が開発されていますが、いずれも環境問題を抱えています。発電の主流であった水力には自然破壊、火力にはCO$_2$の排出を始めとする各種の問題を抱え、これ以上増やしていくわけにはいきません。

代替発電法として風力や太陽熱利用がよく話題になります。これらはまだそれほど広範に普及していないので、問題が表面化していませんが、コストの問題もさることながら、風力発電には騒音問題、太陽熱発電は広大な場所を必要とすることなどを考えると、これからさらに需要が増大することが必至の電力の主役を、期待することは不可能です。さらに、地熱、潮力発電なども考えられますが、実用化するまでにはまだ時間が必要です。

もちろん、省エネが最も重要な課題です。しかし、それだけでは解決しない以上、原子力と正面から付き合い、リスクを最小化する方法を考えざるを得ないのです。したがって、リスクとどう付き合うべきか、これを考え実践していくのが、リスクコミュニケーションなのです。

科学と倫理の調和

原子力に限りません。無限に発展するかのごとく見える科学と倫理をどう調和させるかが、今日避けて通れない重要課題となりました。二〇世紀は科学の時代といわれました。まさに止まるところを知らないといってよいほど、科学技術は発展の一途をたどってきました。このような科学技術の発展のお陰で、今まで考えられなかったようなものが、次々と開発され、人間生活は豊かさと便利さが増しました。それが二〇世紀の特徴です。その結果、私たちの生活は、祖父母の時代、両親の時代と比べても格段の進歩を遂げ、便利さ、快適さがいやがうえにも向上してきました。

それは、二〇世紀を通してずっと続いてきました。その過程でリスクに対する配慮が、必ずしも十分なされてきませんでした。もちろん、その時代の人たちがリスクを無視してきたわけではありません。否、安全と快適さを重視し、日々危険の除去に努めてきました。ところが、安全が確保されると、人はさらに高度な便利さを追求し、そこに新たな危険が生まれるという、悪循環があります。結果として、人々への危険の確率は低下していないのです。研究者は、これをリスクのパラドックスといいます。このことは第6章でも触れました。

中には、開発されたばかりの時には、便利さの裏にあるリスクが、それほど大きいことに気がつかなかったものもあります。アスベストがその典型です。また、少ししか利用されていなかったときは、さしたる問題はないが、広範に使用されるようになったために起こった問題もあります。化学物質の利用が環境問題を起こしているのも、当初は、それほど問題があることが分からなかったことも、問題を大きくしている原因のひとつです。

このような問題を含め、今日重視しなければならない問題は、科学技術の発達に倫理が追いついていないことです。特に医学の世界でこれが問題になります。臓器移植と遺伝子組み換えの問題は、残念なことに技術のほうの進展が著しく、それに必要な倫理道徳がいまだ確立されておらず、一部の野心的な研究者が技術の追究ばかりに熱心すぎ、各種の論争紛議を社会に生んでいます。科学と道徳と宗教の調和を、どこでどのように図るべきかという問題です。そして、一刻も早く、社会的コンセンサスを形成することが必要なのです。さもないと、クローン人間やフランケンシュタインが、次々と生まれてくることすら、危惧しなければなりません。

近年、発展途上国によって、核兵器とミサイルの開発が進められ、世界の平和を不安定な状態に追いやっています。先進国中心の国際秩序に問題があります。また、科学と倫理の調和が図られていないところで起こってきた問題です。

ケネディ・消費者四つの権利

確かに、科学技術の発展により、社会生活は向上しました。人間生活に便利さが増しました。しかし、安全性より利便性を重視した二〇世紀は過ぎ去り、二一世紀は安全性最優先の時代です。これから開発されるものは、安全性が確実に保証されるまで実用に供することはできません。バイオ、遺伝子組み換え技術に慎重なのはそのためであり、妥協してはならないことです。そして、その安全性については専門家だけが理解すればよいのではなく、普通の人にも分かるように説明してもらわねばなりません。

地球温暖化の危機、サステナビリティ（持続可能性）の重要性など、分かりやすい言葉で説明されるものが増えてきました。地球温暖化を防ぐため、CO_2の絶対量を制限しない限り、一〇〇年後にどのような問題が起こるのか。目先の利益のため貴重な資源を乱費してしまったり、孫の時代にまで残るような環境破壊を戒めるサステナビリティ。このような理念は分かりやすさもあって幅広い市民の支持を集め、企業も積極的にこれに協力する姿勢を示しています。

それでも、最近の科学技術や社会の仕組みの中には、あまりに難しすぎて、専門家でない人には容易に理解できないものがあります。きちんと理解できれば、それほど心配のないものもあるのかもしれません。しかし、分からない以上、不安を感ずるのは当然です。

だからこそ、専門家だけが分かっていればよいのではなく、一般市民にも分かる言葉できちんと説明してほしい。業者や専門家は、市民が分からないことをいいことに、今まで横着に構えすぎていたのではないだろうか。時にごまかしまでしてきたではないか。市民の怒りはますます高まってきました。社会の主役は市民なのだ。専門家だけに任せておくわけにはいかない。正しく説明してほしい。そして、自分たちにも意見を言わせてほしい。選択させてほしい。そのためにも、このような問題は、行政機関や専門家だけで決めるのでなく、政策決定の段階から、普通の市民にも参画させてほしい。市民はそう考えるようになりました。まさに市民主役の社会になりました。もはや危険に対し、市民が受身で耐える時代は終わったのです。

一九六二年ケネディ大統領は、消費者四つの権利を提唱しました。安全を求める権利。知らされる権利。選択する権利。意見を聞いてもらう権利。その後、一九七五年フォード大統領によって消費者教育を受ける権利が追加されました。まさに、消費者の権利として謳われたこれらの権利が拡張され、リスクコミュニケーションの分野にも定着したのです。

2　リスクコミュニケーションはなぜ必要か

受益者と被害者が同一でない

それでは、リスクコミュニケーションとは何でしょうか。なぜ必要なのか。ここでもう一度整理してみたいと思います。

もし、リスクを負う人とベネフィットを受ける人が同一なら、その人に分かりやすく説明すればよい話です。そして、自分で判断すればよいのです。ところが、タバコについては、昔なら、灰をこぼすので掃除が大変だ、たたみを焦がさないよう気をつけてほしいなどの苦情もあったものの、多くは、本人の健康を気遣うものだけにとどまっていました。[※10] しかし、最近では、タバコの害は本人だけにとどまらず、周囲の人にも悪影響を与えることが分かりました。

大気汚染が進み、ぜんそくなどの呼吸器疾患で苦しむ人の数が増えたことも、無視できません。ぜんそく患者にとっては、わずかな煙でもきついのです。それに煙いのを我慢している義務などありません。昔ならさして問題ではなかったことが、重要な課題になったのです。公害問題になると社会全体の迷惑となります。したがって、排出者は社会全体のことを考えねばなりません。

最近、アスベスト問題が急速に重要な社会問題になりました。しかし、これを製造、使用していたころ、その害は一部の人には知られていましたが、社会全体ではそれほど認識されていませんでした。問題は、中皮腫というアスベストによる健康被害は、三〇〜四〇年後に発生することです。そのため、最近までは便利さのほうが重視され、専門家の警告もあまり真剣に受けとめられなかったのです。このように、被害者と受益者が違う場合と、行為から被害発生までの時間差が大きい場合に問題があるのです。

次に、リスクについての認識の差です。リスクを排出する人は、リスクを減少させるための努力をするのは当然の責務です。そして、ステークホールダー（利害関係者）にきちんと説明しなければなりません。ところが、受益者はどうしてもベネフィット（利益）のほうを優先し、リスクを小さく見る傾向があります。また、専門家や慣れた人もリスクを小さく見がちです。ということは、リスクについて説明すべき立場にある人たちは、どうしても普通の市民より、リスクを過小に評価しがちなのです。

したがって、リスクについて説明したつもりでも、説明不十分という問題が生ずるのです。しかも、専門家等は専門用語で話しますから、普通の市民に理解できるわけがありません。わざと分かりにくい言葉で説明していると、勘ぐりたくなることすらあります。

関係者の理解・同意を得るための努力

しかし、リスクがあるからといって、何が何でも回避しなければならないわけではありません。リスクがあっても受容し、克服していかねばならないものは、いくらでもあります。というよりは、近代史とはリスクの受容と克服の歴史といっても過言ではないでしょう。しかし、今までリスクの多くは、受益者のみが負担してきました。他人を巻き添えにすることはあまりありませんでした。そして、ハイリスク・ハイリターンの言葉が示すとおり、リスク挑戦者には多くの利益と栄光が待っていました。だからこそ、困難にあえて挑戦する人がおり、社会が発展したのです。

ところが今日の問題は、残念なことに本人が意図しないのに、リスクの巻き添えになることがあまりに多いことです。したがって、大きなリスクを取ろうとする場合は、その担当者は、関係者に対して事前はもちろん、事業遂行中にも随時説明を行い、その都度、関係者の意見を聴取しながら、事業を進めていく必要があるのです。近年、多くの企業が毎年社会環境報告書等を発行し、関係者の理解を得るようになりました。これは、関係者の理解と支持を得るためには不可欠のものと、考えられるようになったからです。

このように考えれば当然の帰結ですが、単に理解してもらえばよいのではありません。同意してもらうことが必要なのです。これは単に一方が説明し、他方が受身的に同意するのではなく、決定前に説明を受け、関係者が一緒に検討に加わり、共同で意思決定をする。ここまで社会が変わってきました。これを行うのがリスクコミュニケーションです。社会は、そこまで求めるようになったわけですが、それは容易なことではありません。全員の同意を得ることなど至難の業です。

インフォームドコンセント

ＩＳＯのガイドラインでは、リスクコミュニケーションとは、「意思決定者と他の利害関係者の間における、リスクに関する情報の交換と共有」と定義しています。この定義からもお分かりいただけるように、リスクコミュニケーションとは、情報意見の一方通行ではありません。相互作用なのです。話をすればよいのではなく、聞いた人の意見も取り入れ、お互いに納得の上で事業を行うのです。それがリスクコミュニケーションのポイントなのです。

事例を挙げてもう一度説明しましょう。インフォームドコンセント。医療の世界では今や常識になりました。日本医師会はこれを「説明と同意」と訳しています。医者が治療を行おうとするとき、事前に患者に病状とこれから行う予定の医療行為、投薬する薬の効果と副作用について、きちんと説明し了解を得なければなりません。その際、医者は専門用語ではなく、素人である患者に分かる言葉で説明しなければならないのです。医療について患者は知る権利がある。そして、治療方法について医師任せにはせず、自ら決定する権利がある。これは、米国の人権意識の中で生まれた考え方ですが、今や世界の常識になりました。

さらに、リスクコミュニケーションは、原子力の平和利用や環境・化学の世界でも強調されるようになりました。このようになったのは、ひとつには、原子力・化学・薬学などの専門分野の人たちが、市民の納得いくような説明を怠ってきたという不信感が、市民サイドにあったことは否定できません。市民としては実は聞いてもよく分からないことも多いのです。しかし、それを奇貨として専門家が説明を怠ってきた。ときには重要な情報を隠匿したり、虚偽の説明をすることさえありました。この付けが回ってきたように思えてなりません。

3　リスクコミュニケーションの方法

以上の説明を踏まえ、ここでもう一度リスクコミュニケーションについて、整理してみたいと思います。リスクコミュニケーションとは、

・一方的な説明ではなく、双方向のコミュニケーションであること。

・結論よりプロセスに意味があること。すなわち話し合うという過程が大事であること。

・利害関係者（ステークホルダー）は単なる脇役ではなく、今や主役の一人であること。

などの特徴を持っています。

したがって、リスクコミュニケーションを実際に行う際の留意事項として、

・一回で終わらせることなく、繰り返し行うこと。とりわけ重要な内容のものは、理解がいくまで反復して説明すること。

・専門用語ではなく、関係の市民に理解できるような、分かりやすい言葉で説明すること。これを行うためには、文書による説明だけでなく、チャート、動画なども活用すること。また具体的事例で説明すること。

・リスクの所在、問題点を説明するだけでなく、その解消策を説明すること。リスクコミュニケーションの目的は、不安の解消と信頼感の醸成にあることを、正しく認識すること。

・周辺住民など利害関係者は、単なる情報の受け手ではなく、事業関与者として、意見を政策に反映させる権利があるという認識の下、その声に耳を傾けること。
・すべての情報を公開するわけではありません。市民を不必要な不安に陥れることは、専門家の倫理に反しかねません。しかし、機密保持や社会的信用の維持を口実に、安易な情報秘匿、矮小化、虚偽説明は致命的信頼失墜になることも忘れないこと。開示すべき情報は毅然と開示すること。
・信頼構築には長期間を要するが、信頼の崩壊は一瞬であることを片時も忘れないこと。
などを挙げることができます。

これらはいずれも、リスクコミュニケーション実務の担当者の経験に基づく知恵を、列挙したものです。守るべき事項がたくさんあり、大変みたいに見えますが、要は、相手の立場に立って誠実に対応すること。それに尽きます。他のテクニックはよく身につけていたにもかかわらず、誠実さを欠いたばかりに危機を招いた事例は、あまりに多すぎるのです。

以上述べたことは、企業と一般市民の間においてだけ成立する話ではありません。個人間の関係においても全く同じです。友人間の関係であろうと家族間においても同じです。お互いによく話し合うこと、そして、この人の言うことなら間違いないという信頼感を、平素から醸成しておくことが必要なのです。家族間ではそれが平素できているからこそ、お互いに安心して任せあえるのです。企業と市民との間にも、家族や友人と同じような信頼関係の醸成が、求められているのです。

4　リスクコミュニケーションの新たなる展開

最近、リスクに対する漠然とした不安が、市民の間にどんどん広がっています。その中には、リスク認識が科学的に正しくなされているか、疑問に思われるものもあります。とりわけ、化学物質に対する市民サイドの不安は、分からないがゆえの不安であり、専門家の考えるリスクと大きくずれていると思われるものも少なくありません。その不安は、マスコミ報道によりさらに増幅されています。行政や裁判の中にも、そのようなマスコミ報道や世論に迎合した、間違った判断や安直な妥協さえみられるようになりました。まさにポピュリズムであり、困った現象です。

確かに、今まで企業や専門家は、市民が理解していないことをよいことに横着すぎました。行政も経済発展のほうを優先しすぎてきました。それは、市民の目には、企業寄りとしか映りませんでした。企業も専門家も行政も市民を軽く見すぎてきたのです。このため相互不信の念が両者の間に存在し、これを解消することは容易なことではありません。市民サイドの怒りはもっともなのです。しかし、いつまでもそのように対立している時代ではありません。

今、経済はかつてほど重要なものではなくなりました。もはや、市民はものの豊かさを今までのようには求めてはいません。おいしいものばかり食べたいわけではありません。住む家も着るものも従来ほど重要ではありません。それよりは、もっと心の豊かさを求めているのです。自由、権利、プライバシーなどを侵さないでほしい。人としての尊厳を大事にしてほしい。二一世紀という新しい時代を迎え、これが最大の変化なのです。それを踏まえた上、もう一度、リスク全体について見直す時期にきているのです。

リスクコミュニケーションは対等者間の対話

繰り返し述べてきたように、リスクは、リスクだけが独立して存在するわけではありません。リスクとベネフィットが共存しているのです。したがって、化学物質を単に安全か危険かという見地だけでなく、リスクとベネフィットのバランスの中で考えねばならないのです。それがリスクマネジメントです。それをすべての関係者が一緒になって考えるのが、リスクコミュニケーションです。そこにはもはや話し手、聞き手の区別さえありません。すべてが対等な主役なのです。

今まで、企業・専門家サイドは、自分たちは主役・話し手であり、市民は脇役・聞き手と考えてきたのではないでしょうか。理解してくれない市民をいかにして説得しようか。そのような発想に立つかぎり対立は解決しません。企業・専門家サイドは、市民のリスク不安を解消するため、もっと正確なリスクデータを市民サイドに提供すること。この勇気と良心を持たねばなりません。そして、一緒に考え、一緒に行動することが必要なのです。

専門家を大事にする風土を取り戻す

政策や方針を決める際にも、どちらかが主役ではないのです。一体になって決め、行動しなければならないのです。もちろん、すべてのことにつき、その問題について専門的に研究している人とそうでない人がいます。理解度の違いもあります。そのようなとき、専門的に考えている人たちの意見を大事にする風土は何よりも必要です。科学性が重視される分野で素人判断がまかり通り、科学が否定されるようになったら社会は不幸です。だれが何を言おうと正しいことは正しいのであり、真実を多数決で曲げることはできません。

近年、インフォームドコンセントが重視されるようになりました。これは極めて良い風潮です。医者は患者が納得するまで分かりやすい言葉で、時間をかけて根気強く説明するようになりました。説明するだけでなく、同意が重要になったからです。ところが、一部に患者の同意を重視するあまり、患者に選択権があるかのごとく説明をする人が出てきました。米国の影響です。

もちろん、多くの場合、それは正しいでしょう。しかし、患者に間違った選択をする権利はないはずです。いわんや、死を選ぶ権利などありません。人は、家族のため社会のために生き続けなければなりません。勝手に死期を早めることなど許されません。それが人間の尊厳の根幹なのです。病気の人には、冷静にそれを判断することが、できないこともあります。だからこそ、専門家の判断に従わねばならないのです。重要なことは、専門家の立場ではなく、患者本人にとって何が望ましいのかを考えることです。この信頼関係が、医者と患者すなわち専門家と素人の間に、なくなっていることが恐ろしいのです。

だからこそ、一方では専門家を大事にする風土、他方では専門家の謙虚さと忍耐強さが求められるのです。しかし、今日の社会では専門家が変わることのほうが先です。専門家が変わり、市民の専門家への信頼を取り戻して初めて次のステップへ進むことができるのです。

市民としての責任をきちんと自覚する

このように考えるとしても、市民とりわけ市民運動をする人たちは、もっと冷静かつ科学的にならねばなりません。もっと勉強し、客観的な知識と判断能力を高めることが必要です。反対のための反対はほどほどにしましょう。そして、マスコミも、不安にくれる市民に安易に迎合し、不安を煽るだけではなく、どのようにして解決させるべきかを真剣に考える時期がきています。マスコミは、市民に情報を提供していればよいわけではありません。いつの時代にも変わらぬ、オピニオンリーダーとしての立場を自覚し、その責任を果たさねばならないのです。

市民も、マスコミの情報をうのみにせず、批判的に考える習慣を身につけねばなりません。市民主役の社会では市民自身が変わらねばならないのです。主役には主役らしく行動する責任があるのです。それを忘れ、「お客様は神様です」の一言で有頂天になるようでは、真の主役への道は前途遼遠と言わざるを得ません。このような議論と方法論を、リスクコミュニケーションの世界で展開していかねばなりません。

次の章では、リスクコミュニケーションの失敗が、国と国民をいかに不幸に陥れるかについて、原子力発電を通して検討してみたいと思います。もとより、私は、原子力については全くの素人です。具体的な事件については文献に当たり事実関係の確認をするなりの努力はしてみましたが、事実の評価については独りよがりなところがあるかもしれません。あくまで、リスクコミュニケーションを検討するために取り上げたものであり、事実認識や判断について専門家のご批判があるかもしれません。日本という国と国民にとって原子力発電は不可欠なものであり、国民の理解と支持を得ながら今後どのように対応していくべきか、という見地から論じようとしていることをご理解のうえ、ご寛恕のほどを切にお願いします。

※10　昔の英会話の本には必ず載っていたことですが、女性の前でタバコを吸うときは必ず事前に吸ってもよろしいですか（May I smoke?）と聞くこと、すると女性はどうぞご遠慮なく（You are quite welcome）と答える。そこまではセットでした。その時代、聞かれた以上、ダメと答えることはエチケットに反するとされていたのです。今は、そのような質問をすることも失礼なら、ダメと答えるのは当然の権利となりました。

第9章　原子力発電とリスクコミュニケーション

1　エネルギーは日本の死活問題

食糧とエネルギーは国の生存を左右するといわれます。そのことは広く認識され、消費者運動関係の人たちも、「食糧安保」という言葉を使い、食糧自給率の向上について熱心に取り組んできました。ところが、食糧自給率は四〇パーセントであるのに対し、エネルギー自給率は四パーセントにすぎません。食糧安保があるのならエネルギー安保も当然必要です。にもかかわらず、エネルギーについては、それほど熱心ではありません。

顧みると日本は英米を相手に第二次世界大戦という不幸な戦争を仕掛け、大敗北を喫しました。この戦争は、米国が日本に対して石油輸出禁止措置を講じたことが、直接のきっかけでした。さしたる天然資源も持たない日本。とりわけ、エネルギー資源の不足に悩まされていました。明治以来の念願だった、欧米先進国に追いつくという目標は、これでは根元から崩されてしまう。東南アジア諸国の天然資源、とりわけ石油資源は日本の死命を制するといわれ、日本の存続・発展に不可欠と考えられていました。そこで石油を絶たれてしまい、日本は、ずるずると戦争という破局に入り込んでしまったのです。

いかなる理由があろうとも、戦争を正当化することは許されません。あの不幸な戦争を再び繰り返してはいけません。私たちはこの不幸な事態が再び訪れないように、万全を尽くさねばならないのです。戦争を回避するのに何よりも必要なのは、各国との友好関係の確立です。しかし、それだけで、エネルギーや食糧の安全を確保できるわけではありません。とりわけ、石油の産出国のほとんどが政情不安的な国々であるという現実を、直視しないわけにはいきません。だからこそ、新エネルギーの開発などにより、最低限のエネルギーの安定確保に努めなければならないのです。このようにして、一か所に頼らず選択肢を増やしておくことは、必須の課題です。

一方、地球温暖化は深刻な問題です。これを促進させているのは、石油や石炭などの、化石燃料使用によるCO$_2$の過剰排出です。これを防止し環境保全を図るため、わが国は、各国に積極提唱し、京都議定書を制定しました。ところが、その削減目標さえ満足に守れない状態になっています。

この二つ、エネルギーの確保と環境の維持という二つの目標を同時に達成できるのは、現時点では原子力発電しかありません。とはいっても、原子力発電には多くの不安があり、これを解決させない限り、すべてをここに頼ることはできません。世界的に見てもドイツでは、新たな原子力発電所建設が凍結されています。

このような状況において今わが国で最も必要なことは、原子力発電を冷静かつ客観的に評価し、より安全な原子力発電システムを確立することです。現在、それを阻む最大の難関は、原子力に対する国民世論の動向です。残念なことに、わが国には、原子力に関し、妖怪というか亡霊というか何か得体の知れないものが漂っており、市民を不安に陥れ、その適正使用を阻んでいます。その妖怪はなぜ生み出されるのか、なぜそれが暗躍するのかについて、リスクマネジメントの見地から分析してみたいと思います。

説明責任を果たしていない原子力関係者

残念なことに、どんなに好意的に見ようとしても今まで原子力発電関係者は、リスクコミュニケーションの本質を理解していなかったと言わざるを得ません。それは、電力会社など企業関係者だけの責任ではありません。研究機関の人も行政関係者も同じです。マスコミも同罪かもしれません。教育関係者も考えねばならない問題です。そのためにこそ喫緊の課題は、国民に原子力発電に関するすべての情報を曝《さら》け出すことです。隠し事が許されないことはもちろんのこと、もっと積極的に情報を公開することが必要です。しかも大事なことは、特別な知識を持っていない普通の市民にも分かる言葉で、説明してくれなくてはいけません。

もちろん、国民も原子力についてもっと理解力を高めなくてはなりません。しかし、その教育をするのも行政を含む専門家の仕事です。分からないのが悪いのではなく、分かるまで教育を繰り返すのが専門家サイドの責任なのです。それは医療の世界と変わりありません。今、医療関係者は患者に対し、説明に大変な時間と労力を費やしています。原子力関係者も、もっと時間と労力を注がねばなりません。環境問題、エネルギー問題のいずれを考えても、原子力発電に勝るものが現時点では存在しない以上、ここに力を注ぐのは社会全体の責任です。

原子力安全委員会が「安全文化」を提唱し始めてから久しくなりました。安全文化とは、安全の問題が個人・組織いずれにおいてもすべてに優先される風土を確立させることです。それは、どんなマイナス情報でも公開するということであり、その自信と誇りをすべての構成員が持つことです。それを文化として定着させることです。

残念なことに、原子力関係者は国民の信頼を得ていません。原子力関係者は何かというとすぐ広島、長崎を持ち出し、日本の特殊事情だと言います。そして、日本人は、原爆被災国の国民として神経過敏すぎると言います。そのとおりでしょう。しかし、それを奇貨として、本来なすべき責任すら果たしていなかったのではないでしょうか。神経過敏な国民に問題があると責任転嫁し、自分たちを被害者だと思ってはいないでしょうか。それは安全文化が定着していなかったということです。

原子力委員会も原子力安全委員会も、原子力に精通した専門家ばかりで構成されすぎてはいないでしょうか。原子力委員会には、木元教子さんというマスコミ出身の方もいます。原子力安全委員会には、松原純子さんという放射線医学の専門家もいます。しかし、残りの方はいずれも、学生時代から原子力を専攻してきたような人ばかりです（しかもどういうわけかいずれも東大、京大の卒業です）。これでは、市民感情を踏まえた双方向のリスクコミュニケーションなど到底望めません。今必要なのは、普通の市民の立場に立って原子力安全を考えることなのであって、原子力専門家だけでこの問題を考えるべき時代ではないからです。

不安感情を煽るマスコミ

原発反対の方たちの中には、極めて誠実に原子力の次世代に与える影響について、考えておられる人もいます。しかし、残念なことに、最初から為にする反対運動を展開している人たちも少なくありません。マスコミ記者の中に意図的に不安を煽ろうとして、反対記事を書いている人たちがいると批判されても仕方ありません。良い話は書こうとせず悪い話ばかり拾い集めて記事にしている人。読者に不安感を掻き立てることによりニュース性を高めようとしている人。センセーショナルに書くことのみに価値を見いだしている記者。こんな人も少なくありません。

虚偽ではないとしても小さな事実を針小棒大に取り上げる。テレビのモーニングショー、アフターヌーンショーを見ているとつくづく感じます。なぜこんなにレベルの低いニュースばかり流すのでしょう。視聴者がそれを求めるからだと言いますがそうでしょうか。そんなことをしてまで視聴率を高めるのがマスコミの任務なのでしょうか。過剰報道はいろいろな局面に出てきていますが、原子力発電をそのようにして窮地に追い込むことが本当に必要なのでしょうか。

安全文化にかかわることなら一歩も譲歩する必要はないでしょう。政策が悪いのなら政策を、担当者が悪いのなら担当者を、正面から批判すればよいのです。しかし、いずれも事実に踏まえ、感情を抜いて論じてください。その矜持を失い、なぜここまで針小棒大に書きたてるのでしょうか。いたずらに読者の不安を煽るのが仕事でしょうか。これでは国を誤らせるとしか思えません。原子力発電の安全維持は絶対に必要なことですが、もっと節度ある報道をしてもよいでしょう。原子力を悪者にしている限りだれからも抗議されないから、マスコミには損はないとでも思っているのでしょうか。誤報も多いようです。社会の木鐸としての使命を忘れないでください。

こんなふうにして相互不信という悪循環が、国そのものをおかしな方向に導いている。そして犠牲者は常にその記事を信じて間違えた判断をする読者、すなわち国民全体だということです。本来、専門家と市民を、科学と社会をつなぐのはマスコミの責任です。その重要な任務を果たさず、マスコミそのものの信用さえ傷つけている。しかし、専門家を信用できなくなったら社会は終わりです。マスコミを信用できなくなったら、社会はどうなるのでしょう。

そうは言うものの、日本の国内でも海外でも、専門家を信頼したくてもできないような事故が、続けて起こっていることは否定できません。たくさんの事故の中から、最初に私自身が見聞した、スリーマイルアイランド原発事故を取り上げてみたいと思います。この事故に関しては、すでにたくさんの著作や論文が発表されていますので、科学的な詳細はそちらにお任せするとして、市民サイドから見ての、事故後の関係者の対応とマスコミ発表ぶりに、焦点を絞って論じてみようと思います。

2 スリーマイルアイランド（TMI）原子力発電所事故

この事故は、一九七九年三月二八日午前四時ころ、米国ペンシルバニア州ハリスバーグ近郊にある、スリーマイルアイランド原子力発電所で起こりました。加圧水型軽水炉の出力運転中、原子炉内の冷却水が減少し、炉内に溶融が起こり、放射性物質が外部に漏れ、住民が避難する事態が発生しました。この事故は、運転担当者の初歩的なミスがきっかけで始まりました。後から考えれば、事故そのものは決して大事故とは言えません。しかし、この事故では、従業員によるいくつものマニュアル違反があり、また、原子力に疎い政治家も介在して問題を次々と拡大させ、住民に大きな不安を与えていました。

原子力発電は、これに携わるすべての人に正確な知識、突発自体における冷静な判断力、職務遂行能力がいかに重要かを改めて認識させられました。国家レベルで、どんなにすばらしい規格やマニュアルを作っても、現場担当者にそれを守る意思と能力がなかったら、マニュアルなど絵に描いた餅にすぎません。そのことを思い知らされました。原発管理がいかに難しいかを痛感した事故でした。

事故の経緯をもう少し詳しく説明すれば、この事故は、軽水炉の冷却水給水ポンプが停止し、炉内温度と圧力が上昇し、原子炉が緊急自動停止したことから始まりました。このため、非常用炉心冷却装置が自動的に作動し、炉心に水の注入を開始しました。ここまでは装置が正常に作動したものであり、それを知らせるランプが点灯しました。ところが、それを監視していた運転員は、加圧器の水位が上昇しすぎていると判断し、この冷却装置のスイッチを切ってしまいました。この時点では、いくつものランプが同時に点滅していますから、全体を見れば正常に作動していると判断できるわけですが、運転員は加圧器のメーターにとらわれ、水が入りすぎることを心配して逆にハンドルを切ったのです。このため炉は空だき状態となり、燃料棒が溶け、放射能漏れという事態になりました。

この事故は、発生から三時間後に関係政府機関に通報され、連邦政府の原子力規制委員会（NRC）や州政府の緊急事態管理庁などが、主として対応に当たりました。しかし、横の連絡は必ずしもうまくいかず、混乱に混乱を重ねました。さらに州知事はラジオに緊急出演し、「発電所から八キロメートル以内に居住する妊婦と学齢前の乳幼児の避難」を勧告し、地域の学校の閉鎖を命じました。これを聞いてかなりの市民が自主避難しました。

指導力が問われていたカーター大統領

この事故の時、私は、ワシントンの日本大使館に勤務していました。ハリスバーグは、ワシントン北方一〇〇マイルで、遊園地やチョコレート工場で知られる観光地です。それもあり、この事故に対する関係者や政治家の対応を、つぶさに見ることができました。担当者の対応の失敗、とりわけ政治家の軽率な言動が市民の不安を煽り、抜き差しならない状態に追いやってしまったのです。

政府関係者とりわけ政治家が、いくつもの失敗を重ねました。事故の始めから、大統領はついていなかったのです。マスコミが知っているのに、大統領は全く知らずのんきに休暇を過ごしていたという批判もありました。日本と違い、米国では休暇そのものをけしからんとは言いません。瞬時に行動しなければならないような重要な事故を、知らずにいたことが問題になったのです。マスコミの批判に対し、大統領報道官は、「米国は民主主義国である。民主主義国の良いところは、事件事故のような特別事態については、大統領に報告すると同じスピードで、国民にも報告することである。隠し事をしない。この原則を持つ以上、ときに大統領より国民のほうが先に事件を知ることは、あり得ることである。大統領のほうが常に先に事態を知らねばならないとしたら、大統領が知ったということを確認するまで、いかなることも公表しないという、原則を立てる以外に方法はない。これでは全体主義国になってしまう」と開き直りました。言い得て妙な発言でした。

それでも、事態は鎮静化の方向に向かいました。ところがその週末（四月一日）、何を思ったのか、大統領は全くの予告もなく、現地を視察に出かけたのです。理由は簡単です。大統領専用別荘（キャンプデービット）は、この原発の近くにあったからです。マスコミ批判から失地回復したいという、あせりからでしょうか。突然思い立ったように、別荘からヘリで現地視察となりました。当時、マスコミと大統領との関係は最悪で、何をやっても好意的には評価してくれません。

この時もマスコミは、この来訪を、事態は大統領が現地視察をする必要があるほど重大である、何か隠しているに違いないと受けとめました。まさに、消えかかっていた火に油を注いでしまったのです。それまでもマスコミから、市民生活への関心が薄い大統領と批判されていましたから、失地回復と思い突然の行動に出たのでしょう。間の悪いときは、何をやっても裏目になります。これで事態はまた、振り出しに戻ってしまいました。

それからしばらくして事態はようやく鎮静化し、避難していた住民も自宅へ帰ることができるようになりました。知事は、記者会見を開き、胸を張って安全宣言を出し、市民に安心して自宅に戻るように呼びかけました。その席上、執拗に迫る記者の質問に「息子の嫁（妊娠四か月）には、しばらくは近づくなと言う」と答えてしまったのです。これでは安全宣言も台なしです。政治家の不用意な発言が市民をいかに不安に陥れるかという、見本のようなケースでした。

「危機に臨み指導者の下に結束せよ」が裏目に出た

民主主義体制において重要なことは、市民生活に直接かかわるような非常事態には、大統領や州知事のような指導者が、市民に直接語りかけることは重要な任務です。それができないような政治家は指導者とは言えません。「危機に臨んで指導者の下に結束せよ」これが米国の伝統です。これがあるからこそ平素ばらばらに見える米国が、いざとなると結束し、信じられないような力を発揮するのです。

二〇〇一年九月一一日、同時多発テロが発生しました。その直前まで支持率低下に苦しんでいたブッシュ大統領は、この事件により支持率が急上昇しました。その指導力がすばらしかったからではありません。このような危機の時は指導者の下に結集するのが、米国人のメンタリティでは当然のことなのです。その際、国論が二分することを最も嫌います。あの際も「国旗を掲げよ(Show The Flag)[※11]」の合言葉の下に、米国人は、一体となってアラブと対決し始めました。

このような伝統の国ですから、指導者は自己の存在を賭けてその場に登場します。しかし、考えてみれば、TMI事故のようなときは、だれがやっても結論は同じはずです。指導者によって異なる指導方針など生まれるわけがありません。しかも、用語にしても技術知識にしても、高い専門性が要求されます。そのような場に、専門用語も十分理解していないはずの大統領や知事が出てきて発言するほうがおかしいのです。専門家を必ずしも尊敬しない、米国ならではの悲劇です。専門家をもっと大事にするという風土の醸成こそ急務です。

原子力に疎い監視員

そもそも、この事故ではミスの連続でした。最初の操作ミスを犯した監視ボードの監視員は、元原子力潜水艦の操舵員でした。原子力に関する専門知識などありません。それがいつものようにに監視ボードをにらんでいたら、いくつものランプが点滅し始めました。当時の新聞を読んでみると、赤や青のランプが順次点滅し始めたようです。そのとき全体を冷静に見れば、異常事態としての想定どおりに作動しているわけです。これは非常ではなく、単なる異常にすぎなかったのです。ところが、そのとき同人の脳裏に浮かんだのは、「加圧器が満水になり、圧力制御不能とならないよう気をつけよ」と常々指示されていたことだったそうです。

緊急事態用のマニュアルを読めば、そのような事態では、加圧器と冷却装置の作動圧力を同時に読めと、明確に書かれており、明らかに監視員の操作ミスとなるのです。これに対し、監視員は、突然ランプが点灯し、気が動転した中でそこまでは思い至らなかったと弁明しました。しかし、この程度のことで気が動転するような人を、配置していたと聞けば、だれだって心配は募ります。この事故により、担当者の能力も低ければ、教育も不十分だったことが分かったのです。このような高度科学技術に関与する人が、この程度の知識ということが分かり、しかも、あまりにお粗末なミスを犯している。これでは心配するなといっても無理な相談です。

「緊急時こそ冷静に対処せよ」これはリスクマネジメントの鉄則です。これができなかったのです。

確かに、この事故はその実態が明らかになるにつれ、当初の不安は解消されました。放射能漏れも微量でした。発電所の近くの住民への影響も、わずかであったことが判明しました。マスコミ報道も厳しく批判されました。とりわけ、他社との違いを出そうとして、独自取材による危険情報が、市民の不安を高めてしまったことが、批判の対象となりました。結果としては、見事に空騒ぎだったことになります。周辺住民への放射線被曝による健康被害は、ゼロだったといえるでしょう。しかし、精神的被害は、計り知れないものがありました。

マスコミの責任を論じた事故調査委員会

しかし、それでも、このような事故が起こったとき、いつも感じる米国のすばらしさは、失敗の教訓をきちんと生かすことです。特定の人への遠慮や自己の保身から、臭いものにふたをするように真相を隠してしまう日本とは大違いです。この事件の後でもカーター大統領は、ダートマス大学の学長を委員長とする調査委員会を直ちに設置し、多くの専門家を動員し、事故の徹底分析を行い、結果のすべてを公表しました。

この委員会は、何分冊にも分かれた大部の報告書を出しました。前記の記述もこの報告書に基づくものがたくさん含まれています。その中では、マスコミに対する注文もありました。あちらこちらに分かれて記述されていますが、その要旨をまとめると、「現場のプラント関係者も原子力委員会も、放射能漏れや水素爆発の危険など、事実に関する科学判断に多くの誤りをした。事故に関する発表を行った者の中に、原子力に関し十分な知識を有していない人がいたり、逆にあまりに専門的な用語での説明をしたため、マスコミの正しい理解を妨げたこともあった。取材する側も、有力メディアの記者の中にさえ、十分な科学知識を持たず、誤った記事を書くものも出てきた。とりわけ、誤報や誇大記事が住民にいかなる不安を与え、過剰反応するかについて理解しないまま、無責任な仮定記事を送り出した」と分析し、「事故が起こったときは、近隣住民の安全を考えるのは、当該プラントの固有の責任であり、このことをきちんと認識して、平素からの体制の構築を図っておくこと」と言っています。

要するに、「情報源の側の混乱と弱体、メディアの側の理解不足が市民に間違った行動を取らせる結果となった。原子力事故は洪水や竜巻のような自然災害と異なり、目に見えないのが特徴。だから不安なのであり、その不安の特徴を考えれば、情報取扱いはもっと慎重、正確でなければならない」というのです。原子力は、だれが扱っても絶対間違えないという保証が必要です。確かに後から考えれば、たいした事故ではありませんでした。しかし、それは関係ありません。制度に問題があるのです。そして、事故発生の際のリスクコミュニケーションに問題があったのです。関係者にその能力が十分でなかったがゆえに、問題を拡大させたのです。リスクマネジメント能力、とりわけリスクコミュニケーションの重要性が、いかに大きいかを痛感させられました。

この事故以来米国では、原子力発電所の新設はありません。この事故の教訓から安全基準が強化されたため、建設費も高くつくのみならず計画から完成までに時間がかかりすぎ、到底採算が合わないものとなってしまったからです。また、米国は石炭と天然ガスが豊富で、そのほうがずっと早くて安く、建設も発電もできるからです。しかし、ブッシュ政権になり、原子力を「環境にやさしいエネルギー源」と呼び、原子力発電にシフトしていくことを決めました。石油・石炭に頼りすぎる弊害を理解してのことです。二〇〇六年のブッシュ大統領の年頭教書では、昨今の石油産出国の政情不安を指摘し、米国の持つ石油依存症（addicted to oil）からの脱却を宣言し、代替エネルギー開発に全力を尽くす旨の宣言をしました。

3　繰り返される原発不祥事

このほかにも原発事故は多発しています。リスクコミュニケーションに焦点をあてて簡単に説明します。世界最大の原発事故はチェルノブイリ原発事故です。これは、一九八六年旧ソ連時代のウクライナで発生した事故で、炉心まで溶融して大爆発を起こし、周辺諸国に放射能を撒き散らしました。詳細はよく分かりませんでした。しかし、二〇〇〇年に開催された慰霊祭の際、事故処理従事者、近隣住民から五万五〇〇〇人の犠牲者が出ていたという弔辞がありました。これもよく分かりません。しかし、数万人レベルの犠牲者が出ており、そのほか、今なお後遺症に苦しんでいる人が多数いることは事実のようです。

この事故は、稼働中の原子炉を使っての、無理を承知の上での発電実験であり、人命軽視の旧ソ連ならではのことと言われますが、民主主義国なら無理な実験をしないなんて保証はありません。旧ソ連には、西側に勝るとも劣らぬ、膨大な技術者と知識の蓄積があったわけですが、体制が弱体化するということがいかに恐ろしいことか、まざまざと見せつけられました。爆発事故が起こってからも、正確な情報公開がなされず、被害が拡大しました。西側諸国にまで放射能が撒き散らされ、農産物に大打撃を与えました。間違えればこのような大事故が起こりうる。これが原子力の最も恐ろしいことです。

チェルノブイリ事故のことを考えると、いずれ中国でも、同じような事故が起こらないであろうかという不安が、頭をよぎって仕方がありません。世界史上もまれなほど急成長を続ける中国。そして、エネルギー資源の不足に苦しみ始めた中国。民主的市民運動はまだまだ未成熟で、厳しいチェックが西側先進諸国のように行われるとは到底思えません。すでに、二〇二〇年までに原子力発電総量を四〇〇万キロワットとする計画が発表されていますが、経済発展の状況でその程度でとどまるとは思えません。安全コストを少し省けば、極めて安価な電力が入手できることが明らかな以上、その誘惑に勝てるだけの節制心が、最後まで働くと信じたくても、一抹の不安を取り除くことはできません。

日本の国内では、一九九五年もんじゅでのナトリウム流出事故、一九九九年東海村ＪＣＯでの臨界事故、二〇〇二年東京電力原発事故隠し、二〇〇四年美浜原発水蒸気漏れ事故が知られています。

ナトリウムが漏れたもんじゅ事故

一九九五年のもんじゅの事故は、研究開発段階にあった高速増殖炉の配管から、ナトリウムが漏れ、火災が発生するという事故でした。幸い、放射能漏れもなく炉心を損傷することもありませんでした。にもかかわらず、高速増殖炉や核燃料開発を担当する動燃事業団は、事故を隠そうとしたり、虚偽の発表を繰り返したのです。事故現場を撮影したビデオがあるのに、それを隠したり、科学技術庁（当時）へ虚偽報告をしていた事実が次々と発覚しました。その都度、釈明会見を繰り返し、歯切れの悪い説明をしますから、市民の不安感と不信感は高まるばかりで、原発の安全性に対する信頼性を大きく損なう結果となりました。

この事故は、温度計の設計ミスという、専門家の目から見れば本当にお粗末なミスが原因だったようです。そのため、冷却材の液体ナトリウムが流出し、火災を起こし施設の一部を大きく破損させました。ナトリウムは水と接触すれば激しく燃え上がるのは、中学生でも知っています。分かりきった話なのです。

それに、いかなる欺瞞も許せない人は、どの組織にもいます。それなのに、うそでごまかそうとすれば、いつかはばれるものです。内部告発です。厳しい追及を受けるとその都度釈明を繰り返し、そこでもまたうそを言う。結局は、虚偽報告の事実まで判明し、動燃事業団担当者はマスコミの厳しい批判にさらされました。そして、国民に不安感と不信感を与える結果となりました。何人もの動燃幹部が責任をとって辞職しました。

お粗末極まりないJCO事故

ＪＣＯの事故は、何ともお粗末な事故でした。失望させられました。これほど重要かつ危険な作業が、こんないい加減な方法で処理されていたのかと怒りを覚えました。この事故は、一九九九年九月東海村にあるＪＣＯという、原子炉の燃料を製造する会社の作業所で発生しました。臨界事故です。この作業所では、普段は原発用の通常核燃料を製造していたわけですが、この時は高速増殖炉用の核燃料の製造をしていました。これは、簡単にいえば、天然ウランから核連鎖反応を起こすウラン二三五の比率の高い、高濃縮ウランを製造する過程で起こりました。このため住民の一時避難にまで発展しました。この事故では従業員が一人被曝死しました。

この事故は、あまりにもお粗末なことから起こりました。ウラン溶液をスポイトのような特殊な専用機材を使って少しずつ流し込むべきところを、バケツのようなものを使って一挙に流し込んだのです。普通の原発用燃料の場合は、まだそれでも大丈夫なのですが、濃縮ウランを同じような安易な方法で作ろうとしたのです。現場の作業員にすれば、濃縮ウランであろうと通常ウランであろうと、外見は同じような作業だから同じようにやったのでしょう。慣れからくる安直さ、その恐ろしさを見せつけられる事件でした。

営利企業が利益優先で行ったことと批判されました。無理なリストラの結果だともいわれました。どう批判されようと弁解のしようがないでしょう。いずれにせよ、この事故を通じ、原子力発電の周辺では、かなりずさんな業務処理が行われていることが分かりました。しかし、ここでも問題は、事故後の関係者の対応、とりわけ事故の事実関係の公表の仕方です。次から次へと事実隠しや虚偽の発表を繰り返す。なぜここまでうそをつくのか。隠すのか。これでは、どんなに好意的に考えようとしても、それはできない相談です。先端技術の関係者で構成され、うその全く許されないはずの技術分野で、このような虚偽がまかり通る。信頼は地に墜ち、回復は容易ではありません。何がここまで歪ませてしまったのでしょうか。これでは市民の信頼を確保するのは、前途遼遠と言わざるを得ません。しかし、日本の将来、エネルギーの未来を考えると、そこから立ち直るしか方法はありません。関係者の抜本的な意識改革と奮起を切望します。

東電の記録改ざん

これは、二〇〇二年の東京電力の原発検査記録改ざん事件です。原子力安全・保安院が、東電の原発修理点検記録に、二九件の改ざんがある旨を発表したことから、この事件は始まりました。発表によれば、記録改ざんの大半は軽微なもので、ほとんど問題がないことが分かりました。しかし、一部には放置できない修理も含まれていました。その後、このケースは米国の原発企業GEの元社員の告発によることが分かりました。

事実関係が明らかになるにつれ、原発を規制する法律そのものにも無理があり、安全とは関係のない些細なキズでも届けなくてはならない、非現実的な規定にも問題があることが分かりました。しかし、それなら法律を改正すべきです。改正もせず馴れ合いで処理してきた、経済産業省と企業の感覚が時代錯誤なのです。事実を直視し、問題に正面から取り組もうとしない体質に問題があるのです。世間をなめてかかると大失敗するという教訓です。

美浜原発水蒸気爆発

これは、二〇〇四年六月の美浜原発水蒸気爆発事故です。死者五人という日本の原発史上最大の惨事となりました。痛ましい労災事故です。この事故は原発の場で起こった事故ではあるが、原子力に起因する事故ではないという見方もあります。確かにそのとおりです。しかし、原発も発電である以上、高圧水蒸気は不可欠です。考えてみれば、ワットによる蒸気機関の発明により産業革命が起こり、今日の産業社会の基礎を築きました。社会の発展に最も貢献した発明です。

その後も水蒸気機関すなわちボイラーは、改良に改良が重ねられ大型化し、エネルギー革命となり産業を著しく発展させました。しかし、文献によれば、米国ではボイラー爆発事故により、一八八〇年からの四〇年間に一万四〇〇〇件、二万七〇〇〇人の死傷者、という記録があるそうです。毎日どこかで一件の爆発事故が発生し、二人死亡していたことになります。産業発展の陰にはこのような尊い犠牲者があったのです。

しかし、人間の英知はこの事故を克服し、最近では死亡労災事故は、ほとんど発生しないほど、安全技術が発達しました。原発よりもっと大きく危険な蒸気タービンも、いくらもあります。それなのに、よりによって安全が最優先されるべき原発の場で、なぜこのような事故が起こるのでしょう。報道によれば、原発のチェックリストの中にこの蒸気タービンの部分が入っていなかったようです。なぜこのようなことが起こるのでしょう。理解できません。

この事故では、さすがの関西電力も多くの事故教訓を生かし、リスクコミュニケーションの見地では、以前と比べれば大きな進歩が見られ、当初から本社社長の陣頭指揮で取り組み、情報公開も今までの教訓を生かしたものとなってきました。被災者への救済、補償等も積極的に取り組まれました。格段の進歩があると評価すべきだと思います。原子力関係者も信用を取り戻すための必死の努力を開始したことが読み取れます。

4　市民参加の原子力発電の再構築

マスコミはオピニオンリーダーとしての自覚を

原子力発電のことを考えると、マスコミの責任について考えないわけにはいきません。マスコミがうそを書いているなどとは申しません。多くの場合、一つひとつの書かれたことはそれなりに事実に基づいています。真実です。読者に訴える力を持っています。しかし、部分を極大化することが多すぎるのです。部分的には事実であっても、それは大局的に見れば真実ではありません。リスクがあることも事実です。しかし、本書で何度も言っているように、ゼロリスクはこの世に存在しないのです。それなのに、危険な部分のみに焦点を当て、強調しすぎるのです。全体的なバランスを欠いているのです。大局観がないのです。なるほど、どの記事だってその部分だけを聞けば、そのとおりでしょう。

一千万分の一の確率だろうと、千分の一であろうとリスクはリスクでしょう。しかし、読む人には、その二つにどのような差があるのか分かりません。確立の理解は容易ではないからです。いわんや数字も示さず説明されたら理解のしようもありません。

また、リスクの裏にある便利さについても評価してもらわねば、公平ではありません。そのことを無視するわけにはいきません。だからこそ、問題を指摘するのなら指摘だけでなく、その危険を避けるためにはどうしたらよいのか、代案を示してください。原子力発電を廃止すべきだというのなら、そう言い切ってください。そして、電力を使わないでよい世の中をつくる。それはひとつの解決策です。その方策を提案し、そのとおり実践してください。エアコンなしで生活する覚悟はありますか。電化製品を利用しないで生活する用意はあるのですか。自分では電気をふんだんに使っていながら原子力には反対する。矛盾していませんか。

クリーンエネルギーとして風力発電、太陽熱発電がよく話題になります。これが有力なエネルギー源であることは間違いありません。しかし、一〇〇万キロワットの電力を作るのに、どのくらいの台数の風車と敷地が必要か。それが至るところに設置されたら騒音その他、どのような弊害が発生するのかも考えてください。太陽熱発電でも同じです。しかも、風が吹かなければ、太陽が出なければ発電できません。いかに不安定なエネルギー源であるかも考えねばなりません。市民・消費者の不安を煽り立てるだけで終わるようなキャンペーンは、無責任すぎます。

前述のTMI報告書では、緊急事態においては市民がパニックに陥らないように慎重な言動を求めていますが、日本のマスコミも是非これを噛みしめてください。

市民参加に向けて専門家の努力を

原子力発電では市民に向けて広報を行えばよいだけではありません。どんなに適切に説明したつもりでも、それだけで十分ではありません。市民が原子力を理解すれば、それで足りるわけでもありません。政策決定に市民自身の直接参加が必要なのです。どんなに巧みに説明しようと完全に安全なものではない以上、政策決定の段階から市民参加がなければ成り立たないのです。いま市民の権利は、ケネディの提唱した消費者の四つの権利に示されるように、安全を求める権利、知らされる権利にとどまらず、自ら選択する権利、そして意見を聞いてもらう権利にまで高まったのです。これを正しく理解し実践しなければならないのです。それがリスクコミュニケーションの本質なのです。

客観情勢は原子力発電を必要としているのです。だからといって、原発を市民が理解し協力するのが当然の義務ではないのです。客観情勢は必要と認めているからこそ、まず専門家がもっと謙虚かつ真摯に、市民の理解を高める努力が求められているのです。前章までに繰り返し述べてきたように、この問題で最終判断を下すのは市民なのです。その際、市民は原発の被害者ではないのです。最大の受益者なのです。だから、もっと適切な判断を下したいのに、それを妨げているのは専門家の集団です。この人たちの誠実な努力が足りないから、市民に不安が高まり、適切な判断ができないでいるのです。

今、市民がノーと言っているのは、原子力そのものではないのです。このような背信行為を重ねる現在の原子力関係者には任せられないと言っているにすぎないのです。だからこそ、リスクコミュニケーションが喫緊の課題なのです。残念なことに、現在、市民は専門家に好意的な感情を抱いていません。この不信感を早く払拭させない限り、原子力の本格稼働は望むべくもありません。もっと市民の信頼と親近感を築けるよう努力が求められます。

広尾病院点滴ミスと最高裁判決

二〇〇四年四月、最高裁判所は専門家の責任に関し画期的な判決を出しました。これは医療の世界の問題であり、原子力とは直接関係ありませんが、専門家のあり方に関するものですので紹介します。

一九九九年二月、都立広尾病院にリューマチで入院した患者さんに対し、誤って消毒薬を点滴し、患者さんが死亡するという医療ミスが発生しました。このような場合、医師法では二四時間以内に警察に届けることが義務づけられています。にもかかわらず、同病院は院内で病理解剖をしただけで、警察への届出をしませんでした。この件で起訴された同病院院長は、憲法上の権利を盾に届出義務はないと主張しました。なるほど憲法三八条には、「何人も、自己に不利益な供述は強要されない。」と明記されています。

これに対し最高裁は「異常死の届出義務は公益上の必要性が高い」と判断し、その理由として、医師免許は、人の生命を直接左右する診療行為を行う資格を付与するとともに、それに伴う社会的責任を課するものである。このような医師の資格の特質と、届出義務の公益上の必要性を考えると、医師がこの義務の履行により、ある程度の不利益を負う可能性があるとしても、それは医師免許に付随する合理的根拠のある負担として、許容されるものであると明言しました。

確かに、異常死体の届出をすると、自己の診療行為に対し業務上過失等の責任を問われる可能性があります。だからといって、それがいやだから医療ミスも届け出ないということが、世間に通用する主張でしょうか。医療行為は、医師という資格を持つもののみにしか許されない独占的な職業です。そのような特権を有する専門家が、自己の失敗を憲法を盾に隠蔽する。

そのような主張は、特権の上にあぐらをかく異常な行為だと思います。もし、そのような主張をするものの存在を許すとしたら、医師という専門職そのものの信頼が根底から崩れてしまうでしょう。専門職の世界では、専門職自らによる自浄作用が必要です。それが専門職の最低限の倫理です。専門家がそれを怠り公権力の介入を待たねば何も解決しない。このような不幸な事態だけは招きたくありません。

市民も責任を持って

本書では、二一世紀は市民主役の社会だと繰り返し強調してきました。芝居でも何でも同じです。主役には主役としての役割があります。主役が主役としての自覚と努力をしない限り、ほかがどんなに頑張っても芝居は成り立ちません。いかなる組織でも社会でも、責任者には責任者としての自覚と役割があります。国の政治が良くなるかどうかは、主権者である選挙民すなわち国民次第です。消費者が良くならない限り、良い商品や企業は生まれません。「お客様は神様だ」とおだてられて、のぼせ上がっているようでは、いつまでたっても良い企業など生まれるわけがないのです。何でも悪いと文句を言い続け、後はそれぞれにお任せと無責任に言っている限り、いつまでたっても「百年河清を待つ」に終わってしまいます。

本書の冒頭の詩でも歌われているように、リスクとは選択なのです。そのリスクを選び、より良き社会の建設に向かって前進して初めて、社会はよき社会に変わるのです。他人の責任にしてはいけません。自ら決断し自ら実行して初めて、自由人の社会が生まれるのです。もし、責任も持てないような市民に決断を委ねたら、社会はどうなるか。みなで真剣に考えましょう。次章ではそのことについて触れてみたいと思います。

※11　Show The Flagという言葉は日本でもすっかり有名になり流行語のようになりました。その際、「この言葉の意味は単に旗を立てろというだけではない。米国を支持するのかしないのか、旗幟を鮮明にせよ」という解説がなされました。そして、もうひとつの言葉「足跡を残せ」（Boot On The Ground）とともに用いられ、敵地に日の丸を掲げることが米国を支持することの証だと米国から強く責められ、イラクへの自衛隊派遣となりました。米国国内では、国旗を家々に掲げ、政府支持を明確に示そうという運動になり、ニューヨークタイムスなどは、国旗を買う金のない人のため、新聞に何回も全紙大の星条旗を印刷、添付し、金のない人はこれを窓に貼って支持を明確に示してくださいと呼びかけたとのことです。新聞社自身が国旗を掲げない口実を絶ってしまったのです。マスコミですらこのように極端に走るのが米国の特徴です。

第10章　自己責任と自助努力

1　イラク日本人人質事件

事件の経緯

この事件の経緯を箇条書きに記載してみると次のとおりです。

二〇〇四年四月八日イラクで日本人三人が誘拐され人質となった旨の報道。三人は、ボランティアの女性、フリーカメラマン、ジャーナリスト志望の未成年男子。カタールのテレビ放送局アルジャジーラが、犯人グループから送られてきた映像を放映。犯人グループは自衛隊の即時撤退を要求。撤退しない場合は三人を殺すと警告。留守家族がそれぞれ記者会見。政府を批判し、自衛隊の即時撤退を求める。このときの留守家族が自らの非を認めず、感情的なほど一方的な政府批判をしたことが、視聴者の反感を買った。他方、日本政府は、人質釈放に全力を尽くすが、自衛隊を撤退させる意思はないことを声明。

四月一〇日小泉首相が会見し、テロリストの要求に屈し、自衛隊を撤退させる意思のないことを確認するとともに、人質救出に全力を挙げていると説明。

四月一五日現地から、三人は無事釈放され、イスラム聖職者のもとにある旨の情報が到達。

四月一七日三人の人質がバグダッド市内のモスクで解放、保護。


事件の経緯は、以上のとおりでした。その間、イタリア人が誘拐され殺害された旨の報道があり、日本に不安が広がりました。また、その後、開放を斡旋した地元有力者が殺害されたことが判明しました。一方、日本国内では、三人の人質家族や支援者が自衛隊即時撤退を掲げて、デモをしたり、会見をし、そこで声を荒げて政府をなじる映像もテレビ放映され、視聴者の反感のもとになりました。

批判と擁護

批判派の主張は、「危険な地域と分かっているのに、必要な安全確保の手段も講じないまま入るのは無謀な行為」、「人質たちは、テロリストと同じ主張をし、政府批判していながら、政府が自分たちを助けてくれなかったでは虫がよすぎる。政府批判する資格などない」、「自分の身は自分で守るという最低限度の責任も果たさず政府を責めている」、「テロリストの要求に屈したら今後日本人はみな同じ危険に晒される」などというものでした。すべてが事実に基づいているかといえば、問題はあるでしょう。擁護派の立場の人からは反論があって当然です。さらに、こういう論調に押されて、人質や家族に対しては相当ひどいバッシングがあったと聞いています。最近の日本の陰湿でいやらしい傾向です。人権上も由々しき問題です。

これに対し、擁護派の主張は、「彼らの活動はれっきとした国際貢献活動であり、高く評価できる」、「自衛隊がイラクに駐在していなければ、このような人質事件は起こらなかった。危険を増大させた元凶を批判してどこがおかしいか」、「日本のNGOのボランティアを外務省は支援していたではないか。都合悪くなると手のひらを返すのか」、「若い人たちの危険を顧みず、使命に邁進する行為は、将来必ずプラスとなって返ってくる。否定ばかりしてはいけない」などというものでした。

このような賛否両論があったものの、事件発生直後、大臣や政府高官から「人質の五人が外務省の退避勧告を無視してイラクに入った」という批判があり、国民からかなりの共感が寄せられたことは間違いありません。これが平均的な世論であったと思います。

米国のコリン・パウエル国務長官も、この件で日本人記者からの質問に「だれでも危険地域に行くからには、そこにあるリスクはきちんと理解すべきです。しかし、だれもがリスクを取らないようになったら、社会に前進はありません。私たちは、世界を前進させねばならないのです。私は、より良き善を目指し、より良き目的のため、わが身をあえてリスクの中に置いた日本人がいたことをうれしく思います。日本人も、このようにリスクを進んで引き受ける市民がいることを誇りに思うべきです。そして、日本がイラクに自衛隊を派遣したことと、進んでリスクをとろうとしている兵士たちのことを、大いに誇りに思うべきだと思います」と答えています。さすが米国の英雄・パウエル大将の言うことは違います。とっさにリスクマネジメントの本質を突いた答弁をするのですから。

もうひとつの人質事件

この事件が忘れられようとしていたころ、もうひとつの人質事件が起こりました。同年一〇月二四日、二四歳の日本人青年がイラクで行方不明になり、テロリストグループから犯行声明が出されました。高卒のごく普通の青年です。留守家族は「彼は同情心や正義感からイラク人の苦しみに目を向けようとして現地へ行った。解放を心からお願いします」という声明を出しました。小泉首相は即座に「テロリストには屈しない。自衛隊は撤退しない」と答えました。

その一週間後。首を切断された遺体が発見されました。そして、殺害の光景がインターネットで公開されました。痛ましい映像でした。テロリストの残酷非道ぶりを見せつけた一瞬です。このとき遺族は「息子は自己責任でイラクに入国しました。危険は覚悟の上の行動です。息子の死を政治的に利用しないでください」という声明を出しました。バッシングも起こらず、マスコミも淡々とした報道でした。息子の死という悲しみにめげず、気丈にもこの姿勢を貫いたご遺族には、国民から幅広いお悔やみと礼賛の言葉が寄せられました。

2　自己責任

この事件をきっかけに、自己責任論が広く日本国内で議論されるようになりました。本書でも、この問題は随所で取り上げてきました。振り返ってみますと、冒頭の詩「リスクの中に自由あり」はまさに、そのものずばりです。リスクを取ることと、その責任は本人自身にあることを力強く歌った詩でした。タバコの害をはじめとする、各種のリスクとメリットについて論及した際も、それを判断するのは、ほかならぬ本人自身であることを明らかにしてきました。特に、第3章は全体が自己判断・自己責任をテーマとしてきました。その中で、リスクという言葉が初めて生まれた一七世紀英国を紹介し、自己責任の下、それぞれが自らの判断でリスクを取ってきたから、今日の英国の繁栄があること、もしそれがなかったら今日の英国そして米国の文化や繁栄は、存在しなかったであろうと言いました。

ということからお分かりいただけるように、自己責任とはリスクマネジメントの基本理念であるということです。逆にいえば、自己責任は、リスクマネジメントの手法を正しく理解し、体得していない限り果たし得ないということです。要するに、リスクマネジメントと自己責任は不即不離の関係にあるということです。ということで、ここではリスクマネジメントの問題を、自己責任の角度からもう一度考察してみたいと思います。

評価できる若い人たちの行動

前節でも明らかにしたとおり、遠いイラクの国の人々のことを思い、彼らのために何らかの貢献はできないかと考えた日本人はたくさんいました。しかし、イラクの国内情勢を見れば、普通の市民が気楽に近づけるところではありません。いかに善意であっても、それが通用するような世界ではありません。それにもかかわらず、イラクに赴き、復興に貢献したいという若者は大勢いました。その人たちの気持ちを汲み、その人たちの活躍の場を提供することは、国の責務でもあるでしょう。もっと良い社会を作りたい。その希望に向かって自分として何らかの貢献をしたいと願う人がたくさんいることは、極めて好ましいことです。これらの人にチャンスを与えることは必要です。それは、国の健全な発展に不可欠です。

この二一世紀という社会は、外務省だけで外交をする時代が終わったように、自衛隊だけで国を守る時代も終わったのです。いやそれは二〇世紀だろうと、もっと昔であろうと変わらない普遍の真実です。いつの時代であっても、すべての市民・国民が参加して初めて、外交も軍事も成り立つのです。一人ひとりの市民の、国を守りたい、国際貢献をしたいという気持ちがあって、世界は成り立つのです。

確かに、外交や軍事の専門家の目から見れば、普通の市民のセンス、能力はいざとなると専門家の組織活動には、ときに邪魔になることもあるでしょう。にもかかわらず、それを受け入れ、一体となって活動するのが、市民主役の現代社会で重要な課題なのです。どんなに非能率であっても、一緒に事態に取り組むことが求められているのです。だからといって全くの素人が、専門家の意見も取り入れずに、行動していい時代ではありません。

遠い未来のことは分かりません。しかし、今日の時代は、善意は時に裏切られることがあるのです。そうでなかったら、テロリストなど生まれません。国民の生活を犠牲にしてまで、軍事力の強化に力を注ぐ独裁的な指導者が、いまだまかり通る世界なのです。

イラクもそうでしょう。フセイン独裁政権が消滅しても、国内の混乱は解消せず、部族間、宗派間の対立が続き、多くの市民を犠牲にしているのです。だからこそ、軍事や地域の専門家の助言を取り入れなくてはならず、ときには渡航禁止、立ち入り禁止の勧告も受け入れざるを得ないのです。現代社会は危険だからといって、それだけで渡航、立ち入りを全面的に禁止することはできません。その代わり、禁止勧告を無視していく以上、完全に自己責任になるでしょう。それは国の助言にもかかわらず、あるいは迷惑を顧みず、行こうとするのですから、自分で自分の危険を負担するのは当然でしょう。

政府には政府としての判断があるでしょう。外交上の約束もあるでしょう。その意に反する行為。昔はともかく、今の世の中では、それは反逆罪でも何でもありません。しかし、利敵行為をしておいて、いざとなったら救出に来いでは、聞けない相談です。そのような行為をするものは、結果についても自分で責任を負い、決して他人を責めないという前提がなくては許されません。さもなかったら、渡航を全面禁止し、違反者に罰則を科するしか方法はないでしょう。どちらがよいでしょうか。

そのような前提に立つと、今回の日本人人質の言動は、あまりに稚拙で注意不足だったと言わざるを得ないでしょう。また、家族や関係者の言動の中には、一部身勝手がすぎたところがあったことも否めないでしょう。

責めるべきはテロリストの卑劣な行動

この事件で最も批判されるべきは、か弱き日本人を人質に取ったテロリストたちです。それはいかなる時代にも許されない、卑劣な犯罪行為です。確かに、現代の国際社会において強国の前で何もできない、発言できないまま虐げられ続けている、弱小な国家、民族が存在することは事実です。力なきものの唯一の手段がテロだという現実を理解するとしても、民主主義社会において、これを容認するわけにはいきません。

このケースでは、政府は毅然とした姿勢を示しながら、発生の始めから、あらゆるルートを使って、人質救出に全力を尽くしてきました。この事実は、きちんと認識しておかねばなりません。その意図に共感し、事件解決に協力してくれた現地のイスラム教の宗教関係者に対しては、感謝しなければなりません。

それに対し、いかなる理由があろうと、自己の目的達成のために関係もない、罪なき、か弱き市民を人質に取る行為は、犯罪行為であり、許されることではありません。それらの要求には応じない、一切の妥協はしないという、政府の方針は正しいことです。さもなければ、さらに多数の日本人が、人質という危険に晒されるということも、きちんと認識しておかねばなりません。政府が守らなければならないのは目の前の日本人だけではありません。将来、多くの日本人が危険に晒されることだけは阻止しなければならないのです。繰り返せば、テロリストがけしからんから妥協するなと言っているのではありません。安易な妥協をするとさらに多くの日本人が危険に晒され、犠牲になるおそれがあると言っているのです。

すべての国民が常に国の方針に従わねばならないとまでは言いません。ときに国の方針に反する意見を持つことはあるでしょう。自己の良心・信念に従い、反対する行動をとることもあるでしょう。民主主義社会においては、一定のルールの下それは許される行動です。それが民主主義の寛大さなのですから。そのような反対行動をとる国民を守るのも国の義務です。反対したのだから知らないということは、少なくとも民主主義国としては許されません。健全な社会を維持しようとしたら、いかなる問題にも常に反対者はいるものであり、それにどれだけ寛大であるかは、国の力量、度量なのです。しかし、本件のようなケースでは、どのように万全を期そうとしても一〇〇パーセント守り抜くことは不可能です。したがって、ときに守りきれないこともあることは、お互いに了解しあわねばならないことです。危険を冒して死地に赴く自由はあります。しかし、それはあくまで「自己責任の範囲で」のことです。それなのに、あの言動は、甘えが過ぎると言われても仕方ないでしょう。

一時の感情的な言動を報道しすぎるマスコミ

今回のケースでは、事件発生直後、家族がヒステリックなほど感情むき出しで、政府を批判したことに対し、国民の反感が生じたのです。しかし、この誘拐被害のような事件の経験がある人などめったにいません。そのパニック状態の中で政府批判したことを、あまり責めるわけにはいかないと思います。そのような場合ですら、冷静かつ寛大に対処するのが専門家である政府の節度であると思います。私は、このような特異な心理状態にある人の言動を、しかも冷静になれば取り消すであろう言動を、かくも長々と繰り返し報道するマスコミの姿勢に疑問を感じざるを得ません。これでは、わざわざ危険を作っていると批判されても仕方ありません。それと比べると、一〇月の事件の被害者家族は立派でした。しかし、このような冷静さをすべての人に求めることはできません。

一方、釈放された人質に沈黙を強いることも適切ではありません。しかし、長時間拘束された人質被害者は、犯人たちに共感を抱きやすいということは、多くの心理学者によって立証済みです。その心理があるからこそ長時間の拘束にも耐え抜けるのです。そんなことはマスコミ関係者なら知っているはずです。それなのに、その供述を繰り返し報道するのは妥当性を欠くと言わざるを得ません。これを引用して面白おかしく報道するマスコミの姿勢に疑問を感じます。マスコミの過熱報道こそ問題なのです。しかし最後は、このような事件を冷静、客観的に考えることのできる、日本人が増えることが必要なのです。そうなれば報道ぶりも変わってくるでしょうから。

そのような心理学上の問題を理解するとしても、このケースでは、人質になった被害者は釈放後も必ずしも適切な行動ではありませんでした。それに対し世論が厳しかったことは事実です。しかし、考えてみれば、すべての日本人がこのようなとき適切に行動できるわけではありません。そのような考えの至らない人が、このような行動をとったことに対する批判もありました。しかし、そこまでの力のない普通の人でもものが言え、行動できる世の中であることが、日本の将来を考えると必要なのです。エリートしかものが言えない、冷静な人しか行動できない世の中のほうがよほど危険です。あの人たちだって、今となってみれば、いろいろ考え、その経験を生かし、さらに成長していくことでしょう。だからこそ、このような普通の人でも自由に行動し、考えることができる社会でなければならないのです。それが自己責任の社会であると思います。

3　自助努力

二一世紀という新しいリスク社会において、自己責任と並んで強調され始めたもうひとつのテーマが自助努力です。二〇世紀という近代化の過程で、共同体というシステムが破壊されてしまいました。それは世界共通の現象です。共同体とは、英語でコミュニティ、ドイツ語のゲゲゼルシャフト、ゲマインシャフトです。それぞれの国にはそれぞれ固有の共同体があります。それは歴史の産物です。日本の社会には昔から、血縁共同体として親族、地縁共同体として地域社会（村、集落、隣組、町内会）などがありました。終身雇用を原則とする企業においては、職縁共同体として会社がありました。

ここでのつながりは、相互扶助組織として機能し、困ったときはお互いに助け合う集団として機能していました。各種のリスクの多くは、ここで吸収されてきました。親が死ねば、残された未成年の子供は、おじ・おばや年長の兄姉が面倒を見るのも当然とされていました。二〇世紀の前半までは、失業しても田舎へ帰れば、親戚が面倒を見てくれました。そのうち景気が良くなれば再び都会に出て行けます。その代わり、本家の言うことには従わねばなりません。それは束縛ばかり多い窮屈な社会でした。

もうひとつの共同体として地域社会がありました。同じ村の人が助け合うのは当たり前。もう少し小さな集団として、隣組が都会にも農村にもありました。それは扶助組織であるとともに監視機構でもありました。お互いに困らないように平素から助け合い、助言しあう組織です。冠婚葬祭のようなものはみなこの地縁集団によって執り行われました。困っている隣人がいたら援助の手を差し伸べるのは当たり前。村全体の連帯責任でした。もしそれを怠ったら不人情の烙印を押されます。この烙印を押されてしまったらおしまいです。それは貧乏することより辛いことでした。温かいが窮屈な社会でした。

優秀な子供がいると、村の素封家が教育資金を出し、大学まで行かせてくれました。それは素封家の地域社会への責任としてごく自然に受けとめられていました。そのような子供は村の誇りであり、共同財産でした。だから貧乏人でも優秀なら高等教育を受けられたのです。そして、都会で成功して故郷へ錦を飾るのです。※12 そのようなシステムがあったからこそ社会は発展したのです。これは文字で書かれた制度ではありません。しかし、みながごく自然に求め、承認していました。

血縁、地縁共同体による相互扶助はなくなった

しかし、二〇世紀も後半になると、このような互助組織はすっかり廃れてしまいました。農耕中心であった社会は崩壊し、都会生活をする人が増え、また、社会保障、社会福祉制度が発展するとともに、このような相互扶助組織が必要なくなってしまったのです。失業しても、病気になっても、保険がカバーしてくれますから、親戚や地域に頼る必要がなくなったのです。

二一世紀に入り、これはさらに前進し、もはや頼りたくても頼れる田舎など持たない人が多数を占めるようになりました。昔は、「隣は何をする人ぞ」なんて言葉がありました。それは、隣の家のことなら毎晩のおかずまで全部知っているという時代のことです。今や完全な死語となりました。今、マンションの隣の住人のことなど関心ありません。引っ越してきても、いちいちあいさつになど行きません。ですから困ったからといって助け合うなんてこともなくなり

ました。その代わり、プライバシーが確立しました。お互いの干渉も減りました。

　これが現代社会の特徴です。それは全体としてみれば好ましい傾向です。束縛の多かった社会から解放され、個人の尊厳を重視する社会が実現したのです。窮屈から抜け出し自由になったのです。昔と比べれば、よほど住みやすい社会になりました。もはや後戻りはできません。

職縁共同体も崩壊へ

　しかし、リスクという見地から見ると、そう安閑としてばかりはおれません。それまでは、失業、疾病のような生活上のリスクも、会社のような共同体で取り扱ってくれました。健康保険なども、会社単位に設立されていました。大会社に勤務していれば、本人のみならず家族の病気も心配は要りませんでした。ところが現在は、企業年金や企業健康保険も様変わりし、保障限度も引き下げられるなど、会社に頼ってばかりはいられなくなりました。失業、疾病のようなリスクの負担が、次第に組織から直接個人に移されるようになったからです。

　その典型は雇用です。かつては終身雇用が原則とされていましたから、企業もめったなことで従業員の首を切るようなことはしませんでした。不景気になっても、人余りになっても、企業は従業員を抱えておき、景気の回復を待ったり、社内教育により職種の転換を図ったりしてくれました。それが今では、不要な人員を会社は抱えてはくれません。リストラが当たり前のようになりました。

それは、会社が経営リスクを解雇という形で解決させるようになったからです。就業リスクが会社から個人へ転嫁されたのです。さらに、会社は、パートタイマーとかアルバイトなどの臨時社員を増やし、雇用形態を変えています。これを経済用語で「雇用の流動化」といいますが、まさに、リスクが自己責任の名の下に、組織から個人に移されたことを意味するのです。確かに、不本意に会社に拘束されることもなく、自分の能力で主体的に生きられます。自分の信念に従って自由に生きることができます。しかし、それはリスクを自分自身で負うことによってのみ可能なことです。

しかし、そんなに良いことばかりではありません。このような社会では、従来のように組織に頼っているわけにはいきません。自分には何らの責任がなくても突然リストラのような形で失業問題が起こるわけです。これからは、万一に備え、自分で自分のリスクをヘッジしておかねばならないのです。そのためには、きちんと手に職を身につけておくことが必要です。技能もない人を雇い続けてはくれません。年金も当てにならないとしたら、自分で老後の蓄えをしておかねばなりません。介護への備えも不可欠です。それはみな自由への代償なのです。今、求められているのは、自由がよいのか、安心が大事なのかということです。個人としてどちらのリスクを引き受けるのかということです。

さらに、この変化の激しい、技術革新の目覚ましい時代には、新しい技術・知識に追いついていくことが不可欠の課題です。最近、よくデジタルディバイド※13といわれます。コンピュータの発達・浸透により、これを活用する能力の差が人生を左右する時代になったのです。二、三年休んだら、その進歩に追随することは容易ではない。まさにドッグイヤー※14の時代なのです。

米国は信頼の社会　日本は安心の社会※15

その点では、自助努力の先進国である米国人の意識には学ばされるところが多々あります。「天は自ら助けるものを助ける」。これは米国独立時の指導者のひとり、ベンジャミン・フランクリンの言葉として有名ですが。植民地時代から、自主独立、自助努力は米国人精神の中核をなしていました。移民としてヨーロッパから新大陸へ来た人たちは、最初から政府を頼ろうとはしていません。この人たちにとっては、自主自立、自助努力、そして自由な気風こそ最も尊ばれていました。だからリスクに怯えないのです。

考えてみれば米国人とは、ヨーロッパから自由や豊かな生活を求めて新大陸に移住して来た人たちです。頼れるような政府などもなく、自分のことはすべて自分で解決させる以外に方法はありませんでした。その代わり広い大地とかけがえのない自由がありました。そこから新しい国を一歩一歩築き上げてきました。安心できる場所などなく、なんとか信頼できる人と場所を見つけ、お互いに信頼しあうしか方法はありませんでした。そこに信頼を前提とするコミュニティが形成されてきました。そこでは嫌ならいつでも離脱し新天地を求める自由がありました。

それに対し日本人は狭いところに身を寄せあって生活してきました。農耕社会であり、その土地を離れたら生活できるようなところはほかにありません。お互いに助け合うしか方法はありません。したがって、身勝手な行動など許されませんでした。しかし、共同体の中にいてその秩序に従っている限り安心でした。お互いに顔を知り氏素性が分かっていますから、相手を疑ってかかる必要もありません。心から安心できる社会でした。父祖の代から同じところに住み、これからもずっと一緒です。ですから人を裏切るようなことはできません。

社会がどんどん大きくなってきても日本の社会は本質的に安心を前提とした社会でした。というより安心できる人だけでコミュニティを形成し、それ以外の人たちを排除する社会です。その伝統は資本主義社会になり自由経済を前提とするようになってからも維持され、よく分かっている限られた相手としか取引をしないという商慣習がまかり通りました。価格が少々高かろうとサービスが悪かろうと同じ相手と取引を継続してきました。そのほうが知らない相手と取引するより安心だったからです。まさにそれは取引相手を固定することによって得られた安心の確保だったのです。しかし、これも外国からケイレツと言われて批判されるようになってから少しずつ変わり始めました。

職場だって転職するのは例外であり、何十年も同じ人と付き合っていますから気心が知れて安心です。というより同僚とのけんかだけはしないよう、みな細心の注意と我慢をしてきたのです。そんなところに知らない人が入ってきたりしたら異星人扱いです。みな職場にしがみつきサービス残業せよと言われたらだれも逆らうこともできません。その社会が変わろうとしているのですから不便にも耐えなければいけないのです。

会社側だってそういう忠誠心をもった従業員を前提に仕事をしてきましたから、少々おかしなことをしていてもだれも咎めません。それに他社のことを知らないのですから、それがおかしなことだということすら気がつきませんでした。まさに相互依存によってのみ確保されてきた安心だったのです。

新しい共同体の構築が必要

その社会が変わろうとしているのです。と考えれば今日の社会変化はよき社会へ向かっての変化であるといえます。ところが、それがどのような社会になるのか、いまだ十分には見えてきていません。でも少なくとも、お互いが相手のことをよく知っている顔見知りだけの閉鎖的な安心の社会ではなく、互いの顔も氏素性も知らない初対面の人とも、百年の知己と同等に付き合える信頼の社会になっていくことだけは間違いないと思います。父祖の代からの付き合い。それはそれで大事にしてもよいでしょう。しかし、それとしか付き合えない。何とも寂しい、不便な世の中はなくさなければならないのです。

そのために必要なことのひとつは、相互に信頼しあえる秩序や風土を確立することです。それはひとつには英米型の契約社会です。日本型の信用を大事にすることも方法です。法律をきちんと整備し直し、法令違反を繰り返す人を放逐する。品質保証の約束を守れない業者は社会から追放される。それがあって初めて相互信頼が構築されるのです。

もうひとつは情報公開の徹底です。そしてうそに厳しい、うそを許さない社会を作ることです。うそ。それは信頼破壊の行為です。そのためにはうそがすぐ見破れる態勢が必要です。考えてみれば、現代社会は偵察衛星や電波探知技術の向上により、相手国のことがすべて空から観察できる時代であり、電波に乗ったものはすべて傍受できる時代です。この時代に隠し事があること自体が時代錯誤です。

これからは見えないもの、聞こえないものは認めない、許されない社会でなければいけないでしょう。だからこそプライバシーをもっと尊重する社会にならなければならないのです。その昔の日本社会は、すべてが見える、聞こえる相手としか付き合わなかった。付き合う必要がなかった。だから安心できた。それを取り戻さねばならないのです。しかし、その時代は自由を犠牲にするという代償を払い続けることによって確保されてきた安心でした。そのコストはいくら安心のためとはいえ、高すぎました。そのために何をするのか。それは他人のプライバシーに関心を持つ必要のない社会を作ることです。今だってどうでもよい他人のことに関心のある人はいません。有名人、金持ち、偉い人のことは知りたい。しかし普通の人のことにはそれほど関心を持ちません。だとすればみなが普通の人である社会を作ればよいのです。[※16] いかなる特権も存在せず、みな対等の市民になるのです。それが新しいユートピアです。

日本型福祉制度はどうなるか

もう一度米国の社会に戻ってみましょう。この国では日本と違い、今日なお、公的な老齢年金や健康保険などが整備されていません。クリントン大統領夫人のヒラリーが懸命になって社会福祉制度の充実を叫びましたが、その実現は容易ではありませんでした。自分のことは自分で考えるべきであって、政府になど頼らないという風土だからです。人間だれでもいずれは年を取る。だからこそ若いときに一生懸命働いて老後の備えをすべきである。それを怠ったのは自業自得と思っている。あれだけ豊かな国に、あんなにホームレスがいても知らんぷりしているのはそのためです。

近年、わが国でもグローバル化の名の下に、規制緩和、自由化が進み、「高福祉高負担」から「福祉の見直し」へと大きく方針の転換が図られました。そして、自助努力が強調されるようになりました。その結果か、格差の拡大が進み、凶悪犯罪が増える傾向にあります。さらに健康保険や老齢年金が次々と見直され、給付率が下げられていますから、高齢者を中心に国民の不安は募っています。

さらに若い人にも問題が生じています。社会の階層分化、二極化が進展し、若者層でのフリーター、ニートの増加、パラサイトシングル、結婚の高齢化、少子化の進展などの問題もあります。かつての国民総中産階級といわれた時代から、すっかり様変わりしました。今までは、どこかに少々のほころびがあっても、全体でそのほころびをカバーできる、セーフティネットのようなものが張り巡らされていたのが、今まさにそのセーフティネットが崩壊しつつあるように思われます。それは、共同体という古い社会システムが崩壊したのに、それに代わる新システムがいまだ構築されていないからです。

福祉を念頭に置いた新しい共同体システムはどのようなものになるのか。今、国民を挙げての議論になっています。それは、公的制度を維持し続ける高福祉高負担のヨーロッパ型になるのか。政府管掌の制度は極力小さくし、本人の自主選択を重視する米国型なのか。いずれ国民自身が選択することになるでしょう。米国の理念は、自分の老後は自分で見る、そのための老後の蓄えはすべて自分で行うのです。それに対し、ヨーロッパ型の特徴は、高齢者の世話は次世代の人の責任であり、それは個人ではなく社会全体の責任と考える。だから公的年金が中心になるのです。

今までも議論の動向を見ていると、本質的には高福祉高負担の現行制度が大きく変わるとは思えません。しかし、現在の悪平等といわれるほど画一的な平等社会は是正されるでしょう。その弊害は除去しなければ健全な社会発展は望めません。その過程である程度の格差が生ずることは、受け入れざるを得ないと思います。

しかし、だからと言って、現状に甘え、社会に頼るのを当たり前と考えてはいけません。高齢化社会においては、自分のリスクは自分で備え、処理するという自己責任と自助努力。これを処世の基本としなければなりません。だからこそ、どんなリスクにでも的確に対応し、リスクをチャンスに切り替えるしたたかさが求められるのです。それは努力する者にとっては本当によい時代になったといえるかもしれません。

コラム **Do It Yourself**

この言葉を聞いたことのある人は多いと思います。英国や米国では自分でできることは自分で処理しようという意識が強く、それは生活習慣として社会に深く定着しています。とりわけ自分の住む家の中のことは自分で行い、修理が必要なときでも他人とりわけ専門家の援助に頼らないということで、日本でいう日曜大工センターをもっと大きくしたような店舗が至る所にあり、広く活用されています。最近ではコンピュータやインターネットの世界でも広く使われるようになりました。

このような自助努力 self help の社会においてもっとも大事なことは、自分のことは自分でする。自分でできることは自分で処理する。安易に他人に頼らない。この精神こそ米国の独立精神の根幹です。もちろん自分一人でやろうとしたら失敗も避けられません。だからこそ、その失敗を回避し、さらに発展していくために、自助自立を支えるための手法としてリスクマネジメントが生まれ活用されているのです。何を言ってもよい。何をしてもよい。自由な国。その代わり、自分のことは自分で責任をもって自分で処理する。

平素好き勝手なことを言ったり、行いながら、いざとなったら、難しいことは他人に頼み、すべてを政府の責任にする。困ったら社会が面倒見てくれるのが当たり前、そんな気持ちでいたら、自由も独立もありません。本当に自由でいたいなら、他人からの独立を確保したいのなら、自分のことは自分で行うこと。そのような責任ある行動があってはじめて、精神の自由が確保されるということを肝に銘じておかねばならないのです。

確かにこの時代を生きていこうとしたらリスクはごまんとあります。しかし、それも自分で選んだ道だと思えば、辛いことはありません。自由の代償だと思えば苦しくもありません。だからこそ、「リスクの中に自由あり」なのです。皆さん、この難局に進んで飛び込み、新しい時代の先頭を走ろうではありませんか。

※12　日本の叙情愛唱歌のナンバーワンといえば昔から「ふるさと」でした。「うさぎ追いしかの山　小鮒釣りしかの川　夢は今も巡りて　忘れがたき故郷」　だれもが少年時代を過ごした故郷を思い、そして「志をはたして　いつの日にか帰らん　山は青き故郷　水は清き故郷」と歌いました。故郷を出、都会で苦労し、いずれの日にか故郷に錦を飾る。それが青春の志であり夢でした。確かにそれは成功したものにとっては甘い水でした。苦労の甲斐もあったでしょう。しかし、すべての人が成功したわけではありません。また、苦々しい思い出を後に故郷を去った人も少なくありませんでした。だからこそ、室生犀星の名詞「故郷は遠きにありて思うもの」が生まれたのです。「故郷は

遠きにありて思うもの　そして悲しくうたうもの　よしやうらぶれて異国の乞食になるとても　帰るところにあるまじや」

※13　Digital devide　現代社会は急速なデジタル化が進み、コンピュータやインターネットなどの情報技術を使いこなす人とそうでない人の間に明らかな格差が生じています。若者や高学歴者は情報技術を活用し、ますます高収入になる一方、高齢者や貧困で情報機器を入手できないものは一層困難な状況に追い込まれています。

※14　dog year　情報技術分野の革新のスピードはものすごく速く、インターネットやコンピュータ業界の一年は、普通の業界の七年分に相当するという意味で、ドッグイヤーといわれるようになりました。犬の一年は人間の七年に相当すると言われるからです。

※15　安心と信頼の概念については山岸俊男著『安心社会から信頼社会へ――日本型システムの行方』（中公新書）によるところが大きいといえます。

※16　オランダやスウェーデンでは王族が街でひとりで買い物をしていてもだれも騒いだりしないそうです。それが当たり前の社会になっているからです。

あとがき

本書は、いくつかの大学で講義したものを整理し、まとめたものです。個人的なことですが、私も職業人としての人生は四〇年を超しました。その間、官民学のいろいろな分野でたくさんの経験を積むことができました。それは決して順風満帆というものではなく、多くの失敗もありました。今から考えれば、その仕事の多くは危機管理、リスクマネジメントがらみの仕事ばかりでした。確かに、その中には思い出すのも辛いような経験もありました。

しかし、それでも、その場その場では目一杯努力してきたことと、他人に話せないような卑劣なこと、恥ずかしいことだけはしなかったという誇りがあります。そして、いかなる仕事に携わろうと、どんなに苦しかろうと最前線で活動している人に対し「後ろから弾を撃つ」ようなまねだけはしないよう心がけてきました。

そのような思いと経験に基づきまとめたのが、私のリスク管理論です。他人からよく、あなたのリスク管理論は、企業倫理論、職業倫理論だといわれますが、そのとおりです。リスク管理は、突き詰めれば、それは、テクニックではないのです。社会的責任を達成する心構えと実行なのです。

私の好きな言葉に、准南子の「巧は拙に如かず」というのがあります。いざとなったら上手にやろうなんて考える必要はありません。誠実に行えば必ず人は評価してくれます。下手に画策したり、技巧を弄するより、愚直に行うほうがはるかに成功率は高いし、長い目では人の評価を得ます。最近の企業不祥事を見ても、それを間違え、小手先をもてあそんだがゆえにかえって批判を拡大してしまうのです。やはり誠実に勝る法はないのです。

私の人生を大きく変えたのは中曽根内閣時代、内閣官房に危機管理等担当室が設置され、その初代室長に任命されたことでした。二五年も前のことです。それ以来、わが国の危機管理の世界も大きく変わり発展しました。そして、最近では、企業不祥事や事件事故が多発する中で、リスクマネジメントや危機管理に関する多数の専門書や啓発書が発刊されるようになり、書店には専門コーナーも設置されるなど大きく様変わりしました。隔世の感があり、大変うれしく思います。

しかし、その中で現場経験もなく、失敗や不祥事を後知恵で論評するものが増えていることに、一抹の不安を感じております。リスクマネジメントはあくまで実務にかかわるものであり、机上の空論ではありません。そして、普通の人が現場で実践できるものでなければならないはずです。万が一の事態に遭遇した人が実行できるものでなければなりません。精緻な議論を振り回したり、あまりに専門的な知識や能力を持たねば実行できないものは、リスクマネジメント論としてはそれほど高く評価できません。いわんや、後知恵やきれいごとで企業活動を批判するだけのようなものは到底受け入れられません。

多くの不祥事企業を見てきて感じることは、どの企業も決していい加減な経営をしてきたわけではないことです。全従業員が必死の努力を重ねてきたはずなのに、時代が移り、社会が変わる中で、不祥事を起こしてしまった企業もあるのです。それを傍目にも気の毒なほど一方的な厳しい批判に晒されているのです。

このような事件多発の中で、多くの経営者からいろいろな相談を受けます。その中には、私たちは懸命な努力をしているつもりだ、それでも運が悪ければいつ企業不祥事が襲ってくるか分からない、これだけ努力をしても十分でないとしたら、一体どうすれば不祥事は防げるのか、悲鳴のような経営者の声が聞こえてきます。それでも経営を放棄するわけにはいきません。そのような現場の声を踏まえて本書はまとめてみました。

大事なことは後知恵ではありません。いわんやきれいごとでは組織は動きません。事前にどうやれば予知できるか。天才でも神様でもない普通の人で構成されている企業がどうやって実践するのか。私自身も企業で経営者のひとりとして必死になって不祥事と戦い、組織防衛に努めてきました。その中での日々の言動をまとめたものが本書です。

いろいろな仕事をしてきて感じたことですが、仕事は生業といわれるように、暮らしを立てるために行っているものです。どんなにいい仕事であっても、給料なしでは生活できません。家族がいる場合など特にそうです。辛くても家族のことを考えると、辞めるわけにはいきません。しかし、給料が高ければよいかというと違います。給料の高さだけで長期に人をひきつけることはできません。

生きがいを感じられないような仕事など長続きしません。給料が安くても、仕事がきつくても、その仕事に充実感が味わえるかどうかが重要です。その仕事が多くの人に貢献している、喜んでもらえるというのが決め手でした。社会に役立たないような仕事など充実感がありません。リスクマネジメントでも同じです。最後の決め手はそれが社会的に有益かどうか、自分にとって都合がよくても社会的に役立たないことなどしても、面白くもなければ、長続きもしません。したがって社会の理解や支持も得られません。

人生は、仕事だけがすべてではないという人もいます。そのとおりです。しかし、だからといって余暇にのみ生きがいを感じ、仕事はひたすら忍耐、辛いことがあっても家族のことを考え我慢している。もし、そうだったら寂しいものです。だれだって人生で最大の時間は仕事に使われています。それが面白くない、楽しくないとしたら、それは不幸の窮みです。仕事に喜びを感じることができず、仕事外の趣味や社会活動にしか喜びを見いだしえない、仕事はひたすら苦痛であるとしたら、それは何なのでしょう。

もちろん、仕事以外のことにも喜びを感じられることは絶対必要ですし、それが全くない人は、仕事そのものにも喜びを感じられないでしょう。それに、面白くない、楽しくないと思いながら仕事して、よい結果が出るわけがありません。それは、会社にとっても社会にとっても不幸なことです。

働いている人自身に喜びを感じられない仕事が、良いものになるわけがない。社会に役立つ良い仕事とは、仕事している人自身が社会に役立っていることを日々確信し、その仕事に使命感を感じられるものでなければなりません。

そして、仕事をしていることに誇りを持てるもの、自分のみならず、それを家族にも話ができ、家族とともに喜び、誇りを持てるものでなければなりません。最近の企業不祥事を見ていると、内部告発を端緒とするものが激増しています。そのきっかけの多くは、仕事が面白くないからであり、職場が楽しくないからです。楽しかったら外へ向けて話したりせず、内で解決させます。それができないから、外部へ告発するのです。

それは大学だって同じです。学生にとっても教える側にとっても、おもしろい授業であり、楽しい学校であること。そのように心がけながら行った授業を文書に取りまとめたのが本書です。読者の皆様からひとりでも多くの方が、それに共感していただけるなら望外の幸せです。

最後に、本書の発行に当たり東京法令出版の皆様、とりわけ工藤敦さんの並々ならぬ助言・協力があったことを申し添え、あとがきとします。

平成一九年八月

上野治男

著者紹介

上野　治男（うえの　はるお）
1940年生まれ。東京大学法学部卒。65年警察庁入庁。在米大使館一等書記官、兵庫県警察刑事部長、内閣官房危機管理等担当室長、竹下内閣総理大臣秘書官、群馬県警察本部長、防衛庁教育訓練局長等を歴任。94年松下電器産業に入社、常務取締役として企業法務・リスク管理・企業倫理等を担当。現在は大成建設監査役、法政大学大学院客員教授、危機管理システム研究学会副会長等。

〈シリーズ〉“負けない企業人”になるための本
リスクの中に自由あり
―市民主役社会におけるリスクマネジメント―

平成19年10月２日　　初版発行

著　者　上　野　治　男
発行者　星　沢　哲　也
発行所　東京法令出版株式会社

112−0002	東京都文京区小石川５丁目17番３号	03(5803)3304
534−0024	大阪市都島区東野田町１丁目17番12号	06(6355)5226
060−0009	札幌市中央区北九条西18丁目36番83号	011(640)5182
980−0012	仙台市青葉区錦町１丁目１番10号	022(216)5871
462−0053	名古屋市北区光音寺町野方1918番地	052(914)2251
730−0005	広島市中区西白島町11番９号	082(516)1230
810−0011	福岡市中央区高砂２丁目13番22号	092(533)1588
380−8688	長野市南千歳町1005番地	

〔営業〕TEL 026(224)5411　FAX 026(224)5419
〔編集〕TEL 026(224)5412　FAX 026(224)5439
http://www.tokyo-horei.co.jp/

ISBN978-4-8090-3124-3